성경의 숨은 보화를 찾으라

성경을 어떻게 귀납적으로 공부할 것인가

성경의 숨은 보화를 찾으라

Mark Yang, Ron Ward 지음

"생명을 주는 하나님의 말씀의 능력 체험하기"

UBF 대학생성경읽기선교회

"천국은 마치 밭에 감추어진 보화와 같으니
사람이 이를 발견한 후 숨겨 두고 기뻐하며 돌아가서
자기의 소유를 다 팔아 그 밭을 사느니라."

[마태복음 13:44]

저자의 서문

공동 저자인 양마가(주선 Mark C. Yang)와 로날드 워드(Ronald A. Ward)는 2007년부터 시작된 시카고에 있는 UBF 본부의 성경공부 팀에서 함께 일하면서 친밀한 우정을 쌓기 시작했습니다. 그 당시 몇몇 선교사들과 미국의 현지 리더들이 UBF 공동체를 위한 성경공부 자료를 준비하고자 성경공부 모임을 이루었습니다. 우리는 매주 월요일에 정기적으로 만났고, 때로는 더 자주 만났으며, 심지어 1 주 내지 2주 동안 매일 만나기도 했습니다.

우리는 성경을 살아 있는 하나님의 말씀으로 존중하며, 오직 하나님의 말씀만이 사람들의 삶을 변화시키는 능력이 있음을 믿습니다. 사람들은 개인적으로나 공동체적으로 성장하고 부흥하기를 원합니다. 그렇게 하기 위해서는 젊은 사람들에게 끌리는 역동적인 프로그램을 만들어야 한다고 생각합니다. 물론 우리에게는 좋은 프로그램이 필요합니다. 그러나 성장과 부흥은 프로그램에서 오는 것이 아니라 살아있고 활력있는 하나님의 말씀에서 온다는 것을 기억해야 합니다. 하나님의 말씀은 사람들의 삶을 근본적으로 변화시키는 능력이 있습니다. 우리가 하나님의 말씀을 있는 그대로 영접할 때, 하나님께서 친히 역사하십니다(살전 2:13). 성장과 부흥은 인간의 노력으로 되지 않고 하나님의 말씀을 통해서 이루어집니다. 이것이 성경이 우리에게 말씀하시도록 해야 하는 이유입니다. 그렇게 하려면 성경이 실제로 무엇을 말하는지 귀를 기울여야 하고 이를 이해해야 합니다. 이를 위해 우리는 성경을 귀납적으로 공부하는 것이 필요합니다.

우리는 성경을 공부하면서 성경의 각 책을 한 눈에 전체적으로 보는 것이 중요함을 깨달았습니다. 다음은 우리가 개발한 서론을 만드는 과정입니다.

(1) 우리는 책을 처음부터 끝까지 팀으로 소리 내어 읽습니다. 어떤 때는 열 번, 어떤 때는 20번 이상 읽습니다. (2) 다음은 책 전체를 작은 단락으로 나누고 각 단락에 제목을 붙입니다. 우리는 이것을 '사실적 연구(factual study)'라고 부릅니다. (3) 사실적 연구를 한 후 성경을 전체적으로 더 큰 그림으로 보기 위해 개요를 작성합니다. (4) 다음은 글의 문학형태(장르)와 집필 스타일을 확인합니다. (5) 다음으로 우리는 저자가 누구이며, 책이 쓰여진 시기와 장소, 그리고 저자가 전하고자 하는 청중을 연구합니다. (6) 그런 다음 역사적, 지리적, 교회적 배경을 조사합니다. (7) 기도하는 마음으로 주의 깊게 책의 주요 주제와 저자의 저술 목적을 찾으려고 노력합니다. (8) 공부하면서 각 책의 특징을 찾아 기록합니다. 이를 위해 반복되는 단어, 대조, 비교, 관계 및 강조에 세심한 주의를 기울입니다. (9) 이렇게

해서 우리는 이 책을 공부하는 우리 자신의 목적을 발견할 수 있습니다. (10) 마지막으로 앞서 작성한 개요와 도움이 되는 지도를 첨부합니다.

이렇게 서론을 만드는 과정은 할 수 있는대로 성경 각 책을 직접적으로 관찰하는 것을 기초로 하고 있습니다. 공부할 때 우리는 NIV, ESV, KJV 및 NASB 등과 같은 다양한 번역을 참조하며, 필요할 때 로고스 같은 다른 자료도 참조합니다. 본 저자들은 이 과정을 거쳐 룻기의 서론을 만들었습니다. 또한 공부 문제지와 공부 노트 및 메시지도 만들었습니다 (제 2부 "귀납적 공부 사례: 룻기"를 보시오).

서론을 끝내면 전체를 여러 강으로 나누어 주일 메시지와 주간 소그룹 성경 공부 및 수양회를 위한 자료를 만듭니다. 먼저 매 강의를 위해 공부 문제지를 만듭니다. 우리는 귀납적 성경 공부 방법인 관찰, 해석, 적용의 원칙에 따라 문제지를 설계합니다. 우리는 이 방법을 UBF의 공동 설립자인 Sarah Barry 선교사에게서 배웠습니다. 그녀는 1955년에 한국에 선교사로 오기 전, 뉴욕 성서신학교(the Biblical Seminary in New York)에서 석사 과정을 공부하면서 그것을 배웠습니다. 그녀는 한국에서 하나님의 말씀을 듣기를 갈망하는 수많은 목마른 대학생들에게 성경을 귀납적인 방법으로 가르쳤습니다. 그녀는 그들이 스스로 성경을 읽고 연구하고 이해하도록 도왔습니다. 그 효과는 엄청났습니다. UBF의 설립자인 고 이사무엘 박사도 귀납적으로 성경을 공부하는 방법에 영감을 받아, 주일 메시지와 매일 경건생활을 위한 〈일용할양식〉을 집필하는데 적용했습니다. 귀납적으로 성경을 연구하는 것은 UBF에서 가장 중요한 유산이 되었습니다.

이런 방식으로 성경을 공부하는 과정에서 우리는 하나님의 말씀이 꿀같이 달다는 것을 알게 되었습니다. 우리는 하나님의 말씀을 통해 많은 격려를 받고 힘을 얻었습니다. 물론 우리는 효과적으로 함께 일하기 위해 다음과 같은 몇 가지 기본 지침을 따라야 했습니다. (1) 다른 사람의 의견을 존중할 것. (2) 자신의 견해를 고집하지 말 것. (3) 다른 사람의 의견을 매우 주의 깊게 경청할 것. (4) 하나님의 영광과 하나님의 백성의 유익을 위해 브레인스토밍(창조적 집단사고)을 통해 최고의 성경 자료를 생산할 것. 우리는 서로 다른 개성을 존중하면서 문화와 나이 차이를 초월하여 하나님의 말씀을 기초로 우정을 쌓았습니다.

이 책은 함께 성경공부를 하면서 맺어진 우정의 결실입니다. 우리는 "진실로 다시 너희에게 이르노니 너희 중의 두 사람이 땅에서 합심하여 무엇이든지 구하면 하늘에 계신 내 아버지께서 그들을 위하여 이루게 하시리라"(마 18:19)라고 하신 예수님의 말씀을 믿고 함께 기도하며 연구하고 있습니다.

우리가 성경을 공부할 때 성경에 가장 큰 보화들이 담겨져 있음을 깨닫게 됩니다. 그리고 성경 공부를 통해 하늘의 기쁨을 발견하게 됩니다. 우리는 이 책을 통해 많은 사람들이 성경에 숨겨진 보화들을 발견하고 큰 기쁨을 얻을 수 있기를 기도합니다. 또한 혼자서 스스로 성경을 공부하는 비결을 찾을 수 있기를 기도합니다. 이 책은 개인적인 영적 성장을 위해 성경 공부를 어떻게 할 것인가를 안내해 줄 것입니다. 또한 이 책은 소그룹에서 성경을 함께 공부함으로써 성경의 숨은 보화를 발견할 수 있도록 도와 줄 것입니다.

우리에게 성경을 어떻게 공부할 것인가에 대한 좋은 본보기를 보여주신 고 이사무엘 박사님과 사라 배리 선교사님께 깊은 감사를 드립니다. 그 분들은 성경을 하나님의 말씀 그 자체로 여겼습니다. 그리고 하나님의 말씀을 귀 기울여 듣고 온 마음을 다해 실천했습니다. 그 분들은 하나님의 사랑과 그리스도의 성품 안에서 성장했고, 하나님의 백성의 선한 목자가 되었습니다. 그분들이 그리스도의 본을 따랐을때 우리는 그들의 삶을 인해 큰 영향을 받았습니다.

십수년 동안 이 사역에 참여해 온 우리의 동료인 UBF 본부 성경공부 팀원들께 감사드립니다. 마크 부세코비치(Mark Vucekovich) 목자님과 테디 헴베키데스(Teddy Hembekides) 목자님은 처음부터 끝까지 매우 신실하게 우리와 함께 일하였습니다. 이 분들과 더불어 김데빗 선교사님, 홍여호수아 선교사님, 고 정바울 박사님이 성경공부팀을 시작했고, 후에 서어거스틴 박사님과 고바울 박사님이 합류했습니다. UBF 세계 대표로 재임하셨던 동안 전요한 박사님과 김아브라함 목자님이 저희를 전폭적으로 지원해 주셨습니다. 현 세계 대표이신 윤모세 목자님과 한국 UBF 대표이신 김모세 목자님도 저희를 지원하고 있습니다. 자료를 한국어로 번역하기 위해 많은 수고를 해 주신 서바나바(성용) 선생님과 여러 모양으로 우리를 격려해 주신 홍바울 박사님에게도 깊은 감사를 드립니다. 무엇보다 인내와 기도로 우리가 성경공부에 전념할 수 있도록 섬겨 준 아내 양안나 선교사님과 더빌라 워드 사모님에게 감사드립니다.

우리는 이 책이 많은 사람들이 성경을 깊이 공부하고, 그들의 삶에서 생명을 주는 하나님의 말씀의 능력을 체험하며, 가장 큰 보화이신 예수 그리스도를 발견하는 데 도움이 되기를 기도합니다. 성경공부를 통해 하나님의 나라가 확장되기를 기도합니다.

– Mark C. Yang, Ronald A. Ward

배사라 선교사의 서문

하나님의 나라는 밭에 감추인 보화와 같습니다. 사람이 그곳에서 보화를 발견하면 가진 것을 다 팔아 그 밭을 삽니다. 성경에서 숨은 보화를 찾는 것은 이와 같습니다. 성경은 진리의 말씀입니다. 우리는 성경 공부를 통해 하나님을 알게 되며, 열매 맺는 삶을 살도록 안내하는 지혜의 창고를 발견하게 됩니다.

저는 본서인 "성경의 숨은 보화를 찾으라"를 읽는 모든 분들이 관찰과 해석과 적용을 통해 귀납적으로 성경을 공부하는 방법을 배우기를 기도합니다. 제가 뉴욕에 있는 성서신학교의 학생이었을 때, 교수님은 생물학 수업에서 학생들에게 공부하는 방법에 대한 이야기를 들려주셨습니다. 그는 물고기를 정말로 이해하려면 물고기의 비늘을 세라고 말씀하셨습니다. 물고기의 비늘은 별로 중요해 보이지 않지만 자세히 들여다보면 물고기에 대해 많은 것을 배울 수 있습니다. 우리는 몇 번이고 자세히 들여다 봄으로 계속해서 관찰해야 합니다. 해석은 이 관찰에서 나옵니다. 그리고 자세히 관찰하게 되면 적용이 따르게 됩니다. 우리는 이같은 방법으로 성경을 공부함으로써 성경의 숨은 보화를 발견할 수 있습니다. 그리고 전능하신 하나님이신 예수님에 관한 인격적인 지식 가운데 성장하며, 그의 용서를 알고 그분과 올바른 관계를 맺을 수 있습니다.

Ron Ward 목사와 Mark Yang 목사는 귀납적 성경 공부 방법을 개발하고 사용하는 일에 매우 열심히 일했습니다. 그들은 개인적 목적과 가르치는 일과 스텝들을 훈련하는 일에 사용할 수 있도록 귀납적 성경 공부 방법을 개발하는 데 많은 시간을 투자했습니다. "성경의 숨은 보화를 찾으라"는 이 책은 성경의 보화를 캐내기 위해 오랜 시간 동안 노력한 결과물입니다. 저는 이 책을 읽고 공부하는 모든 분들이 성경에 숨겨진 진리의 보화를 찾고 진리의 말씀을 올바르게 분별하는 법을 배우게 되기를 바랍니다.

- 사라 배리

UBF 명예 총재

추천사

성경은 수천 년 전에 우리 시대와 문화와는 전혀 다른 이스라엘 민족의 역사적, 문화적 정황 가운데서 기록된 책입니다. 그래서 성경이 모든 사람들에게 주어진 책이지만 모든 사람들이 읽고 쉽게 이해할 수 있는 내용은 아닙니다. 성경을 공부할 때 저자가 전달하고자 하는 내용을 최대한 정확히 이해하기 위한 적절한 성경공부 방법이 필요합니다. 이를 위해 양마가 선교사님과 란 워드 목사님의 공저로 믿을만하고 지혜로운 성경공부 방법에 대한 책자를 발간하게 되어 하나님께 감사드립니다.

이 책은 귀납적 성경공부 방법론에 대해 상세하게 설명하고 있습니다. 또한 지식적인 접근을 넘어 연구자의 마음 자세와 영성의 중요성에 대해 가르쳐 주며, 더 나아가 성경 해석 방법과 함께 적용 및 영적 성장까지의 방향을 제시해 주고 있습니다. 본서에서 언급하듯이 성경공부의 목적은 삼위일체 하나님을 알아가는 것입니다. 예수님을 알고 그의 형상에서 자라가는 것입니다. 올바른 방법으로 성경을 공부하고 깨달은 바를 마음에 영접하고 또 가르치는 가운데 우리 각자가 예수 그리스도의 고귀한 형상을 덧입어가는 것은 하나님께서 우리에게 주신 최고의 축복이라고 믿습니다. 이러한 목적을 위해 통찰력 있고 실천적인 성경공부 방법을 제시해 주는 이 책을 적극 추천하는 바입니다.

- UBF 세계대표 윤모세

이 책은 "성경을 어떻게 공부할 것인가"에 대한 심오하고 마음을 사로잡는 단계별 체험과 종합적이면서도 시각적인 매뉴얼입니다. 이 책의 저자인 란 워드 목사와 양마가 박사는 전 세계 기독교 공동체에서 깊은 영감을 주는 신뢰받는 목사요, 멘토요, 성경 선생입니다. 오랜 경험과 수고가 녹아 있는 이 안내서는 하나님의 말씀을 가르치고자 하는 성경 선생 뿐만 아니라 성경을 배우고자 하는 학생들에게 빛을 비추어 줄 것입니다.

저는 이 분들을 생각할 때마다 "천국의 제자된 서기관마다 마치 새것과 옛것을 그 곳간에서 내오는 집주인과 같으니라"라고 하신 우리 주님의 말씀이 생각납니다(마 13:52). 제게는 개인적으로 여러 사람이 참여한 그들의 희생과 수고의 열매와 유익을 얻게 된 것이 큰 특권이었습니다. 그리고 우리 공동체, 교회 전체, 그리고 하나님의 말씀의 보화를 찾는 모든 사람들에게 이 책을 추천하는 것도 제가 받은 특권이기도 합니다.

– 미국 캐나다 지역 (North America) UBF 코디네이터
Teddy Hembekides

목차

저자의 서문 8
배사라 선교사의 서문 14
추천사 16

1부 성경을 어떻게 귀납적으로 공부할 것인가

서론 22
1장 귀납적 성경공부 방법의 중요성과 그 역사 25
2장 귀납적 성경공부란 무엇인가? 30
3장 어떻게 관찰하는가? 37
4장 해석의 테두리 55
첫째, 해석하는 사람의 자격
둘째, 해석의 일반 원칙들
5장 하나님의 말씀을 어떻게 내면화 할 것인가? 83
첫째, 성경공부의 목적: 예수님과의 만남
둘째, 적용의 과정
셋째, 진정한 복음 중심의 적용

6장 **하나님의 말씀을 어떻게 실천할 것인가?** 95

7장 **성경 문학의 여섯 가지 범주에 대한 해석 지침** 103

이야기체, 지혜, 문학, 시가, 예언, 서신, 계시록

2부 귀납적 공부 사례: 룻기

룻기 소개 122

룻기 귀납적 공부 문제 134

룻기 귀납적 공부 노트 138

룻기 메시지 185

부록1 사도행전 27장 사실 관찰 (Factual Study) 240

부록2 사도행전 개요 242

참고 문헌 248

저자에 대해서 250

1부

성경을 어떻게 귀납적으로 공부할 것인가

성경에는 수없이 많이 감추어진 보화들로 가득 차 있습니다.
가장 큰 보화는 하나님 자신입니 다 (창 15:1). 우리는 성경 공부를 통해 삼위일체이신 하나님, 곧 하나님 아버지, 하나님의 아들, 성령 하나님을 만날 수 있고 그와 교제를 가질 수 있습니다….
또한 하나님을 알게 되면, 우리의 진정한 정 체성과 인생의 목적과 의미를 알 수 있습니다. 우리는 생동감 있고 역동적이며, 열매 맺는 삶으로 안내하는 지혜의 보고를 발견할 수 있 습니다.

서론

하나님의 나라는 감추어진 보화

예수님은 천국을 감추어진 보화에 비유하셨습니다. 보화는 매우 귀하여서 이를 얻기 위해 어떤 투자도 할 만한 가치가 있습니다. 그러나 이 보화는 감춰져 있습니다. 이 보화는 모든 사람에게 주어졌지만, 이를 부지런히 찾는 자들 만이 얻을 수 있습니다. 보물 찾기는 신나는 일입니다. 그러나 여기에는 시간과 에너지와 모든 종류의 자원을 투자하는 것이 요구됩니다. 예수님의 비유에서, 어떤 사람이 보물을 발견하고 기쁨이 충만했습니다. 이 기쁨은 형언할 수 없는 하늘의 기쁨입니다. 이는 일시적인 기쁨이 아니라 영원히 지속되는 기쁨입니다. 이 기쁨은 우리가 보화를 얻기 위해 모든 것을 투자할 수 있게 해줍니다. 보화를 발견하는 것과 보화를 소유하는 것은 전혀 별개의 일입니다. 보화를 얻기 위해서는 보화가 묻힌 밭을 사야 합니다. 이것은 비싼 대가를 요구합니다. 그는 자기가 가진 모든 것을 팔아야 했습니다. 그럼에도 불구하고 그는 주저함이나 후회함 없이 그렇게 했습니다. 왜냐하면 그만큼 가치가 있기 때문입니다.

하나님 자신이 가장 큰 보화

보화가 천국이라면, 성경은 이 보화가 감추어진 밭입니다. 성경에는 수없이 많이 감추어진 보화들로 가득 차 있습니다. 우리가 어떤 종류의 보화를 발견할 수 있을까요? 가장 큰 보화는 하나님 자신입니다(창 15:1). 우리는 성경 공부를 통해 삼위일체이신 하나님, 곧 하나님 아버지, 하나님의 아들, 성령 하나님을 만날 수 있고 그와 교제를 가질 수 있습니다. 우리는 성삼위 하나님의 성품과 인격을 발견할 수 있습니다. 그리고 그 분이 하신 일이 무엇이며, 오늘날 어떻게 역사하고 계시는지, 그리고 미래를 위한 그 분의 계획이 무엇인지 알 수 있습니다. 성경에는 하나님이 하신 수많은 약속들이 있는데, 우리는 믿음으로 이를 우리의 것으로 삼을 수 있습니다. 또한 하나님을 알게 되면, 우리의 진정한 정체성과 인생의 목적과 의미를 알 수 있습니다. 우리는 생동감 있고 역동적이며, 열매 맺는 삶으로 안내하는 지혜의 보고를 발견할 수 있습니다. 이런 보화들을 발견하는 것은 매우 신나는 일입니다.

진리의 말씀을 옳게 분별하라

성경을 공부하는 방법은 여러 가지가 있습니다. 어떤 방법을 택하는가 하는 것은 큰 차이를 가져다 줍니다. 성경공부를 안내하는 요절 중 하나는 디모데후서 2장 15절입니다. "너는 진리의 말씀을 옳게 분별하며 부끄러울 것이 없는 일꾼으로 인정된 자로 자신을 하나님 앞에 드리기를 힘쓰라." 이 구절의 핵심 단어는 "분별하며"라는 단어인데, 이는 헬라어 ὀρθοτομέω (orthotomeo)에서 왔습니다. 이 단어는 "

바르게 하는"이라는 의미의 orthos ('정통적인' 또는 '정형외과의'란 단어의 어원)와 "자르다"의 의미를 가진 temno의 두 단어를 합성한 것입니다. 이 단어는 1세기에는 "숲속을 헤치며 길을 만들다"라는 것을 의미할 때 사용되었습니다. 이 구절은 본질적으로 진리로 가는 바른 길을 만들어야 함을 말해 줍니다. 다시 말해, 우리는 성경을 정확하게 가르치고 바르게 성경을 해석해야 합니다. 이 점에 있어서 부끄러움이 없는 하나님의 인정된 일군으로 우리 자신을 하나님께 드리기에 최선을 다해야 합니다. 이는 개인적인 성경공부나 일대일 또는 그룹 성경공부뿐만 아니라 주일 예배 메시지나 수양회 메시지와 같이 대중적으로 말씀을 전하는 것에도 다 적용됩니다. 진리의 말씀을 옳게 분별하기 위해서는 귀납적 성경공부 방법이 매우 효과적입니다. 이는 생명을 주는 하나님 말씀의 능력을 체험하도록 도와줍니다.

1장

귀납적 성경공부 방법의 중요성과 그 역사

성경을 공부하는 방법은 여러 가지가 있고, 성경의 특정한 책을 이해하는 데 도움을 주는 많은 뛰어난 성경 보조 자료들이 있습니다. 그러나 가장 중요한 것은 우리 자신이 먼저 성경을 읽는 것입니다. 우리는 먼저 성경이 진실로 무엇을 말하는지, 그것이 무슨 뜻인지, 그리고 이를 어떻게 우리 삶에 적용해야 하는지 발견해야 합니다. 귀납적 성경공부는 이렇게 할 수 있도록 우리를 가장 잘 안내해 줍니다.

먼저 성경을 주의깊게 읽으라

성경은 우리에게 주신 하나님의 말씀입니다. 하나님은 아버지가 자녀에게 하듯이, 우리에게 말씀하시며, 하나님과 친밀한 관계성을 맺고, 하나님의 형상대로 성장할 수 있도록 우리를 안내하십니다. 하나님은 우리를 사랑하셔서 우리가 구원의 길을 이해하고, 어떻게 살아야 그를 기쁘시게 할 수 있는가를 알기 원하십니다. 하나님은 우리가 축복의 길을 발견하고, 그릇된 길로 가는 비극을 피함으로써 행복하고 열매 맺고 승리하는 삶을 살기 원하십니다.

하나님께서 우리에게 말씀하시지만, 우리는 성경에서 어떻게 하나님의 말씀을 들을 수 있는가를 배워야 합니다. 이는 매우 중요합니다. 우리는 성경에서 구원을 발견할 수 있고, 의미 있고 열매 맺는 삶의 길을 발견할 수 있습니다(딤후 3:15). 버나드 램(Bernard Ramm)은 "성경에는 구원과 그리스도인의 삶에 필요한 필수적인 모든 것이 분명하게 계시되어 있다" 라고 말합니다.[1] 성경의 저자들은 독자들이 그들의 메시지를 이해하고 그것에 따라 살도록 쉽고 직접적인 방법으로 기록하였습니다. 그러나 오래 전부터 다른 삶의 방식을 가지고 세계의 다른 지역에서 살아왔던 사람들에게는 성경은 근본적으로 낯선 외국어처럼 느껴집니다. 본래의 독자들에게 분명했던 내용이 오늘날 우리에게는 전혀 분명하지 않게 전달될 수 있습니다.[2] 우리가 성경을 진정으로 이해하기 위해서는 영적 통찰력과 안내가 필요합니다.

1 Bernard Ramm 1970: 105.
2 Klein, Blomberg, and Hubbard, Jr. 2004: 213.

성경은 여러 세기 동안 수많은 사람들에 의해서 읽히고 연구되어 왔습니다. 성경을 공부하는 방법은 여러 가지가 있고, 성경의 특정한 책을 이해하는 데 도움을 주는 많은 뛰어난 성경 보조 자료들이 있습니다. 그러나 가장 중요한 것은 우리 자신이 먼저 성경을 읽는 것입니다. 우리는 먼저 성경이 진실로 무엇을 말하는지, 그것이 무슨 뜻인지, 그리고 이를 어떻게 우리 삶에 적용해야 하는지 발견해야 합니다. 귀납적 성경공부는 이렇게 할 수 있도록 우리를 가장 잘 안내해 줍니다.

귀납적 성경공부의 간추린 역사

귀납적 성경공부의 역사는 19세기 말 윌리엄 레이니 하퍼(William Rainey Harper)와 윌버트 웹스터 화이트(Wilbert Webster White)를 통해 시작되었습니다.[3] 하퍼는 성경학자였고, 예일 대학교의 교수요, 시카고 대학 설립자였습니다. 그는 미국 전역 신학교에 고등비평이 영향을 미치고 있는 것을 주목했습니다. 고등비평은 누가, 언제, 어디서 그것을 기록했는지를 알기 위해 성경 본문의 원전을 살펴보는 것에 초점을 맞추고 있습니다. 이런 견해는 성경의 신적 기원보다는 인간의 기원을 강조하는 것입니다. 그들은 성경을 하나님의 영감을 받은 말씀으로 생각하지 않고, 단순히 인간의 말로 여기고, 인간의 이성으로 성경을 분석하였습니다. 그것은 성경의 신적 권위를 깎아내리고, 창조와 기적과 그리스도의 성육신과 부활에 관해 회의를 갖게 하였습니다.

---

3 Bauer, David R., and Traina, Robert, 2011: 1-2.

이와 대조적으로 하퍼는 성경을 최종적으로 완성된 하나님의 말씀으로 존중했습니다. 그는 성경은 직접적으로 공부해야 하며, 그리고 성경이 각 사람에게 또 전체적으로 교회에게 말씀하시도록 허용되어야 한다고 믿었습니다. 하퍼의 가르침을 기초로 그의 동료 화이트는 성경공부는 개인의 영적 형성에 초점이 맞추어져야 하며, 그 다음에 교회 내에서 말씀을 전하고 가르치기 위한 것이 되어야 함을 강조했습니다. 화이트는 뉴욕에서 성경신학교를 창설했습니다. 이 곳은 귀납적 성경공부(Inductive Bible study)의 세계의 중심이 되었습니다. 이 신학교에서 하퍼와 화이트의 영향을 받은 로버트 트레이너(Robert Traina)가 귀납적 성경공부 방법을 가르치기 시작했습니다. 유진 피터슨(Eugene Peterson)과 이상근 박사가 그로부터 귀납적 성경공부 방법을 배웠습니다. UBF의 공동 창설자이신 배사라 선교사도 그로부터 배워 1955년 한국에 선교사로 올 때 이를 소개했습니다. 배사라 선교사는 하나님의 말씀에 갈급한 많은 대학생들에게 성경을 귀납적으로 가르쳤습니다. 그녀는 학생들이 스스로 성경을 읽고 공부하고 이해하도록 도왔습니다. 그 효과는 엄청났습니다. UBF의 창설자이신 이사무엘 박사도 성경을 귀납적으로 공부해야 한다는데 생각을 같이 하였습니다. 그는 이 방법을 주일 메시지와 일용할 양식을 집필하는데 적용했습니다. 귀납적 성경공부는 UBF 사역의 기초를 놓는데 가장 중요한 원리가 되었습니다.

성경을 귀납적으로 공부하는 것을 배우는 데 있어서 가장 중요한 것은 느긋한 마음으로 성경이 무엇을 말하는지 정확하게 관찰하고자 하는 자발성입니다. 귀납적 성경공부는 성경 자체를 성경에 관한 정보의 주요 공급원으로 사용하는 것입니다. 주석이나 책과 테잎, 그리고 성경에 관한 다른 정보들은 스스로 성경을 철저하게 살펴보고 난 후에야 참고할 수 있습니다

2장

귀납적 성경공부란 무엇인가?

귀납적 성경공부는 관찰, 해석, 적용이라는 세 가지 요소로 구성되어 있습니다. 관찰은 "본문이 무엇을 말하는가?"라고 질문하는 것입니다. … 사실에 대한 주의 깊은 관찰은 하나님의 말씀을 정확하게 해석하고, 적절하게 적용하도록 하게 하는 기초가 됩니다. 해석은 "질문의 뜻하는 바가 무엇인가?"라고 묻는 것입니다. … 해석은 과학이면서 예술입니다. … 적용은 "본문의 의미가 우리의 삶에 어떻게 적용되는가?"를 질문하는 것입니다. 적용은 성경공부의 목적입니다.

두 가지 접근법

추론의 기본적인 형태로는 연역법과 귀납법의 두 가지가 있습니다. 연역적 추론은 일반적 원칙에서 시작하여 개개의 사실을 이끌어냅니다. 귀납적 추론은 여러 가지 사실들을 수집함으로 시작하여 거기에서 일반적 진술과 결론을 이끌어냅니다. 두 가지 다 유용합니다. 예를 들어, 회계는 일반적으로 연역적 추론이 그 영역의 모든 것을 지배합니다. 그러나 생물학이나 화학과 같은 자연과학은 귀납적이어야 합니다. 성경공부에 있어서 연역적으로 공부할 때 생기는 문제점은 본문에 저자가 의도하지 않은 주관적 의미를 부여하기 쉬운 위험성이 있다는 것입니다. 많은 사람들이 성경을 자기 방식대로 해석함으로 주관적으로 접근합니다. 그러나 성경은 객관적인 문학 형태입니다. 성경은 객관적인 의미와 진리를 담고 있고 우리는 이를 발견해야 합니다.

예를 들어, 4개의 복음서가 있습니다. 마태복음, 마가복음, 누가복음은 귀납적으로 쓰였습니다. 그들은 예수님을 인간으로 보았습니다. 그러나 예수님의 생애와 사역을 매우 자세히 관찰한 후에 예수님은 하나님이시다는 결론을 내렸습니다. 반면에 요한복음은 연역적으로 쓰였습니다. 처음부터 저자는 "예수님은 하나님이시다"라고 선포합니다. 그 후에 예수님이 왜 하나님이신가를 여러 모양으로 증명합니다. 예를 들어, 예수님에 관한 7개의 "I Am" 서술과 7개의 표적과 같은 것입니다. 요한복음은 연역적으로 쓰였지만, 우리가 계시된 진리를 발견하기 위해서는 귀납적으로 접근해야 합니다.

자신의 생각을 강조하기 위해 성경에 접근하는 것은 설령, 그 생각이 옳다 할지라도 하나님의 말씀을 그릇되게 사용하는 것입니다. 우리는 이를 경계해야 합니다. 설교학의 권위자인 하돈 로빈슨(Haddon Robinson)은 학생들에게 이 한가지 질문에 대답하도록 했습니다. "당신은 설교자로서 당신의 생각을 성경에 복종시킵니까? 아니면 당신의 생각을 뒷받침하기 위해 성경을 이용합니까?"[1] 성경에 우리 생각을 복종시키는 것은 우리 자신의 생각보다 하나님의 말씀을 더 존중하는 것입니다. 성경은 우리에게 성경에 어떤 것도 더하거나 빼지 않도록 경고하고 있습니다(계 22:18-19). 귀납적 방법은 주관적 해석을 방지하는 안전판입니다. 귀납적 성경공부는 성경을 하나님의 말씀으로 존중하며 옳게 분변할 수 있도록 하게 하는 가장 좋은 방법입니다.

귀납적 성경공부의 세 가지 요소

귀납적 성경공부는 관찰, 해석, 적용이라는 세 가지 요소로 구성되어 있습니다.

관찰은 "본문이 무엇을 말하는가?"라고 질문하는 것입니다.

관찰은 '누가, 무엇을, 어디서, 언제, 어떻게'라는 모든 사실들을 모으는 것입니다. 사실에 대한 주의 깊은 관찰은 하나님의 말씀을 정확하게 해석하고, 적절하게 적용하도록 하게 하는 기초가 됩니다. 어

1 Haddon Robinson, 2001:22.

떤 것이든 주의 깊은 관찰은 시간과 연습을 요구합니다. 본문 자체를 살펴보는 시간이 많을수록 성경공부는 더 풍성해질 것입니다.

반면에 성급하고 부실한 관찰은 성경을 잘못 이해하게 함으로 심각한 문제를 초래하게 합니다. 우리가 성경을 주의 깊게 관찰할 때 그 의미는 또렷해질 것입니다. 그러나 정확한 관찰이라는 중요한 기초를 놓지 않고 급하게 해석하게 되면, 우리의 이해는 다음과 같은 가정들, 즉 하나님의 말씀이 말하는 것보다 우리가 생각하고 느끼고, 또는 다른 사람들이 말한 것들로 채색될 것입니다. 훌륭한 관찰은 좋은 해석의 시작이라고 할 수 있습니다.

해석은 "질문의 뜻하는 바가 무엇인가?"라고 묻는 것입니다.

해석은 관찰에서 나옵니다. 해석은 반드시 관찰과 분리해서 할 필요는 없습니다. 왜냐하면 종종 본문을 주의 깊게 관찰하는 바로 그 순간에 그것이 무엇을 의미하는지 알기 시작하기 때문입니다. 그러나 해석은 단순히 직접적인 본문 관찰을 넘어서 분리된 단계를 포함할 수도 있습니다.

해석은 과학이면서 예술입니다. 해석은 과학입니다. 왜냐하면 이는 해석의 법칙들에 근거하여 논리 정연한 분석을 통해서 이루어지기 때문입니다. 해석은 또한 예술입니다. 왜냐하면 이는 선택한 본문이나 책에 '법칙들'을 적용하기 위해서는 상상력

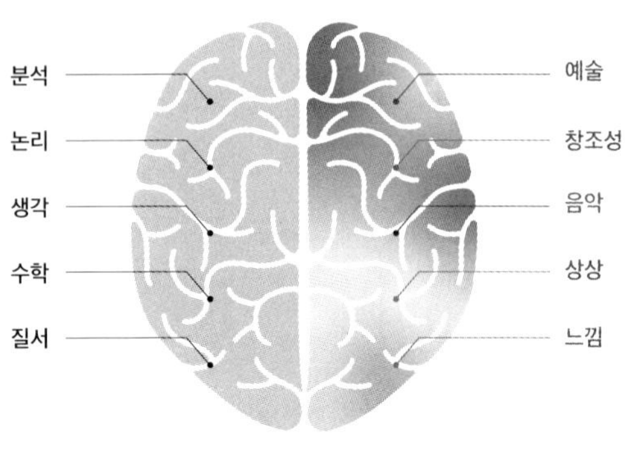

과 능력이 요구되는 습득된 기술이기 때문입니다.[2] 우리가 해석을 과학이요 예술로 여길 때 성경을 정확하게 해석할 수 있습니다.

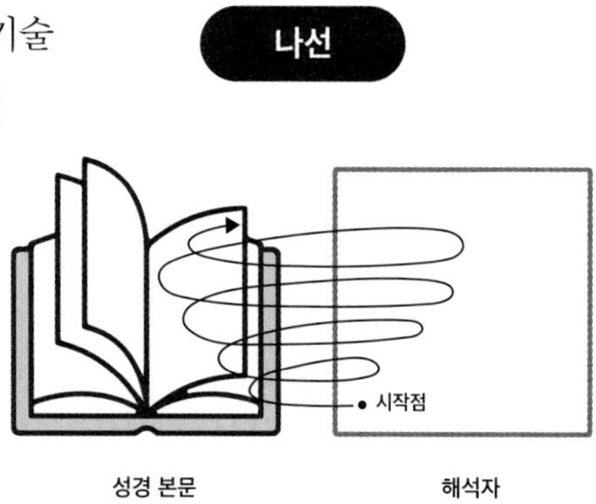

성경 해석은 역동적인 상호작용 '나선'을 수반합니다. 이런 나선은 해석하는 사람과 본문 사이에서 흐르게 됩니다. 해석하는 사람이 본문을 만날 때, 그 본문은 해석하는 사람에게 영향을 주고, 그 결과 해석할 수 있는 능력을 강화시켜 줍니다. 이것은 해석하는 사람이 올바른 이해에 도달할 때까지 계속해서 본문과 만나고 깨닫게 됨으로써 반복적으로 일어납니다.[3]

이 나선은 또한 본문에서 상황으로, 성경 본래의 의미에서 오늘날 믿는 자들을 위한 상황화 또는 중요성에 이르기까지 물 흐르듯 이동하게 됩니다.[4] 다시 말하면, 성경공부하는 사람이 관찰에서 해석으로 옮기면서 그들이 했던 관찰의 일부를 수정하고 추가적인 관찰을 해야겠다는 필요성을 느끼게 됩니다. 성경공부하는 사람이 해석에서 적용으로 넘어갈 때, 그들은 해석의 추가적인 면을 인지하고 그 해석의 일정한 부분을 수정하게 됩니다. 이 나선은 해석자와 본문, 본문과 상황 사이를 흐르게 됩니다.

2 Grant Osborne 1991:5.
3 Klein, Blomberg, and Hubbard 2004:166.
4 Grant Osboårne 1991:6.

적용은 "이 본문의 의미가 우리의 삶에 어떻게 적용되는가?"를 질문하는 것입니다.

적용은 성경공부의 목적입니다. 적용은 귀납적 과정에서 단지 제3의 단계가 아닙니다. 이는 우리가 진리를 대면하고 순종함으로 반응하고자 결단할 때 언제든지 발생합니다. 하나님의 말씀을 적용하는 것은 우리를 구원에 이르게 하고, 예수님의 형상 가운데 자라게 하며, 선한 일을 하도록 우리를 준비시킵니다. 반면에 적용이 없는 성경공부는 예수님이 외식하는 자라고 책망했던 바리새인처럼 되게 합니다. 성경은 "교훈과 책망과 바르게 함과 의로 교육하기에 유익하도록 주어졌는데 이는 우리로 온전하게 하며 모든 선한 일을 행할 능력을 갖추게 하려 함입니다"(딤후 3:16-17).

이제 우리는 관찰과 해석과 적용을 좀 더 자세히 살펴보고자 합니다. 우리가 성경을 공부할 때 영적으로 성장하고, 영적 통찰력을 기르기 위해서는 이 원리들을 실천함으로써 우리 자신을 훈련할 필요가 있습니다. 이는 한번의 워크숍이나 프리젠테이션을 통하여 배울 수 있는 것이 아닙니다. 이는 계속적인 노력과 일생을 헌신해야 하는 작업입니다. 헌신하지 않고서는 아무 일도 일어나지 않습니다.

3장

어떻게 관찰하는가?

관찰은 주의를 요하고 깨어 있는 행위입니다. 이 행위는 육신의 눈으로 보는 것 이상으로 예리한 정신적 자각으로 해야 합니다. 우리는 관찰을 통해서 결론을 이끌어 낼 수 있는 주된 자료와 만나게 됩니다.

관찰은 주의를 요하고 깨어 있는 행위입니다. 이 행위는 육신의 눈으로 보는 것 이상으로 예리한 정신적 자각으로 해야 합니다. 우리는 관찰을 통해서 결론을 이끌어 낼 수 있는 주된 자료와 만나게 됩니다.[1]

관찰의 필수조건: "의지," "정확성," "끈기"[2]

마지못해하는 관찰은 지루하고 졸리게 만듭니다. 반면에 자발적이고 적극적인 관찰은 안목이 생기게 하고, 정신이 깨어 있게 하고, 흥미롭게 하는 것들을 계속해서 발견하게 만듭니다. 정확성은 세심함과 통찰력과 심오함을 갖게 하는 중요한 열쇠입니다. 우리는 본문에서 보화를 발견하기까지 끈기가 필요합니다(마 7:7-8).

하바드 대학교 동물학 교수이자 19세기 가장 저명한 자연과학자 중의 하나인 루이스 아가시(Louis Agassiz, 1807-1873)에 관한 유명한 이야기가 있습니다.[3] 이 이야기는 사무엘 셔더(Samuel Schudder)가 하버드 대학교에서 처음 공부를 시작할 즈음에 그가 처음 루이스 아가시 박사를 만났을 때에 경험한 것입니다.

어떤 한 젊은이가 실험실에 와서는 곤충연구를 시작할 수 있는지 물어보았다. 아가시 박사는 "좋네."라고 말했다. 그런 후 그는 물고기 한 마리가

---

1 Bauer and Traina 2011:75.
2 Robert Traina 1980:32-33.
3 Ibid., 77.

담긴 병을 주며 말했다. "이 물고기를 가져가서 살펴보게. 그리고 자네가 본 것을 나에게 말해주게나." 교수는 눈 외에는 다른 어떤 도구도 사용하지 못하도록 했다. 그 학생은 십 분 가량 물고기를 관찰하고 나서 그가 배운 것을 말하려고 아가시 박사를 찾았다. 하지만 아가시 박사는 실험실을 떠나 몇 시간 동안 돌아오지 않았다. 학생은 기다리고 또 기다렸다. 그는 지루해서 연필을 집어 들어 물고기 그림을 그렸다. 그랬더니 그가 전에 간과했던 셀 수 없는 자세한 것들이 보이기 시작했다. 교수가 돌아와서 그에게 뭘 봤는지 물어보았고, 학생은 몇 가지 사실들을 이야기했다. 아가시 박사는 얼굴을 찌푸리고서는 말했다. "다시 보게나, 다시 보게." 이렇게 말하고 그날 돌아오지 않았다. 학생은 마음에 온통 물고기를 생각하느라 밤새도록 깨어 있었다. 그 다음날 그는 몇 가지 사실을 더 말했다. 아가시 박사는 "더 보게나! 더!"라고 말했다. 사흘 동안 그 학생은 어쩔 수 없이 테이블에 앉아 물고기를 보는 것 외에는 아무 것도 할 수 없었다. 나흘째 되던 날 아가시 박사는 같은 종류의 또 다른 물고기 하나를 가지고 와서는 그 학생에게 두 물고기의 유사점과 차이점을 찾아보라고 말했다. 잠시 후에 그는 또 다른 물고기를 가져왔고 그리고 또 다른 물고기를 가져왔다. 이 일이 계속되었다. 아가시 박사는 8개월 후에 드디어 그 물고기를 치우더니 학생이 원하던 곤충 연구를 해도 좋다고 허락했다. 사무엘 셔더는 아가시 박사로부터 주의 깊게 관찰하는 것의 중요성에 대해 배웠던 것을 결코 잊지 못했다.

우리는 이와 똑같은 관찰의 원칙을 성경에 적용할 필요가 있습니다. 우리는 본문의 탐구자가 되어야 하고, 다이아몬드를 찾는 광부요, 성경의 비밀을 풀어낼 단서를 찾는 CSI(Crime Scene Investigation; 과

학수사대) 수사관이 되어야 합니다.

관찰은 성경을 읽는 것에서 시작된다

우리는 성경을 읽기 위해 시간을 내어야 합니다. 성경을 많이 읽으면 읽을수록 성경에 더욱 친숙하게 됩니다. 처음 성경을 읽을 때 우리는 혼란스럽게 하는 것들을 만날지 모릅니다. 그러나 읽으면 읽을수록 이를 알 수 있습니다. 우리는 성경을 읽고 또 읽어야 합니다. 한 두 번이 아니라 통찰력을 얻을 때까지 100번이라도 읽어야 합니다. 만일 성경 전권을 한 번에 읽는다면 큰 그림을 파악하는데 도움이 될 것입니다. 성경읽기는 인내를 요구합니다. 우리는 즉각적으로 노력하지 않고 결과를 기대하는 경향이 있습니다. 하지만 "좋은 것은 빨리 되는 법이 없다"는 속담처럼, 하나님의 말씀의 열매가 익는 데에는 시간이 걸립니다. 우리는 인내심을 갖고 본문을 대할 뿐 아니라 우리 자신에 대해서도 인내해야 합니다. 우리는 말씀의 바다로 들어갈 때 마음을 느긋하게 하여 그 경험을 즐겨야 합니다. 하나님의 진리는 바로 거기에 있습니다.[4]

우리는 편견이나 선입관 없이 본문을 통해 배우고자 노력해야 합니다. 신앙연륜이 많은 그리스도인 일수록 본문에 대해 편견을 갖기가 쉽습니다. 그러나 우리는 과거의 지식과 경험을 내려 놓아야 합니다. 그런데 선입관에서 완전히 자유로울 수 있다는 것은 거의 불가

---

4 Howard and William Hendricks, 2007:83-93.

능합니다. 그럼에도 불구하고 우리는 본문을 읽을 때, 편견이 있다는 것을 의식하면서 최선을 다해야 합니다. 적절한 접근 방법은 마치 처음 읽는 사람처럼 본문을 읽고자 노력하는 것입니다. 문제는 어떻게 하느냐 하는 것입니다.

사실적 연구와 개요 만들기 (Make a Factual Study and an Outline)

가장 효과적인 방법은 자세하게 사실을 관찰하는 것입니다. 우리는 이것을 "사실적 연구"(factual study)라고 부릅니다. 그것은 성경을 권별로 할 수도 있고 성경 전권을 할 수도 있습니다. 사실을 관찰하는 과정은 성경 본문을 반복적이고 기도하는 마음으로 읽으면서, 문단을 나누고 각 문단에 제목을 붙이는 것입니다. 때로 문단 나누기가 한 절이 될 수도 있고 반 절이 될 수도 있습니다. 핵심은 본문에 나타난 중요한 사실(fact)을 찾는 것입니다. 많은 사실이 있더라도, 우리는 어떤 사실이 가장 중요한지를 발견해야 하고, 이 사실에 근거하여 각 문단에 제목을 붙여야 합니다.

예를 들어, 바울의 로마 여정을 기술한 사도행전 27장을 보면, 많은 구체적인 장소들이 언급되어 있습니다. 우리는 그것들을 관찰하고 본문의 지리적 배경을 이해해야 합니다. 그러나 이야기의 주요 흐름은 하나님의 종 바울이 어떻게 권면을 했고 백부장이 어떻게 반응했는가 하는 것입니다. 백부장이 바울의 권면을 무시하고 전문가들의 말을 따랐을 때 그들은 사나운 폭풍을 만나 큰 손해를 입었습니다. 후에 백부장이 바울의 말을 들었을 때 배에 타고 있던 모든 사람들의 생명이 구원받았습니다. 그러므로 우리가 27장에서 문단을 나누고 제목을 붙일 때 사실에 근거하여 저자가 말하고자 하는 흐름의 중심을 따라가야 합니다. 우리 자신의 생각이나 견해가 아니라 사실에 기초해서 제목을 붙여야 합니다(부록 1 참조).

사실을 관찰하는 과정에서 우리는 저자가 의도하는 핵심 주제가 아니지만 어떤 한 구절이 우리 마음에 와 닿을 때가 있습니다. 우리는 그것에 대해 묵상하고, 이를 외우고 이에 대해 느낀 소감을 기록할 수 있습니다. 우리는 이것을 "고백적 사실적 연구"(Confessional factual study)라고 합니다. 우리는 예기치 못한 곳에서 감추어진 보화를 발견하고, 하늘의 이슬이 우리 영혼을 적시는 것을 경험할 수 있습니다. 이것은 개인의 성장에 좋습니다. 그러나 우리는 개인적인 해석을 모든 사람들을 위한 일반적인 적용으로 삼지 않도록 주의해야 합니다. 우리는 저자의 핵심 주제에 초점을 맞추어야 합니다.

사실을 관찰한 후 우리는 전체적으로 성경의 더 큰 그림을 보기 위해 개요를 작성할 필요가 있습니다. 사실 관찰이 사실에 초점을 맞춘다고 한다면, 개요는 사실에 근거를 둔 주요 아이디어에 초점을 맞추는 것입니다. 개요를 만들기 위해서 우리는 사실의 세트(set)를 함께 모아 핵심 사상을 반영할 수 있는 부제목을 붙여야 합니다. 부제목은 너무 길지 않고 짧고 포괄적이어야 합니다. 이 과정에서 우리는 그 책의 핵심 사상을 발견할 수 있습니다(부록 2 참조).

문학 형태(장르)의 확인

문학의 형태는 본문을 분별하는 방법을 결정합니다. 예를 들어, 열왕기서와 역대기와 같은 역사서는 스타일이나 내용 면에서 시편과 같은 시가서나 로마서와 같은 서신서와는 다릅니다. 역사서는 배경을 제공해 주고 실제 사건과 하나님이 어떻게 실제 인물들을 다루셨는지에 대해 말해 줍니다. 그러나 역사적 사건에서 교리를 세울 수는 없습니다. 대부분의 교리는 서신서에 담겨 있습니다. 그러므로 우리가 공부하는 문학의 장르가 무엇인가 알아보는 것은 중요합니다. 본문이 역사적인가? 전기체인가? 시가인가? 잠언인가? 예언서인가? 서신인가? 아니면 복합적인가? 알아봐야 합니다. 어떤 책들은 문학의 여러 가지 형태를 혼합하고 있습니다. 예를 들어, 다니엘서는 역사서이면서 동시에 예언서입니다.[5] 누가복음은 주로 이야기체이지만, 1-2장은 시가를 포함하고 있습니다. 우리는 같은 책 안에서 장르의 변화를 확인할 필요가 있으며, 그 장르에 맞게 세부적인 가이드라인을 적용해야 합니다.

---

5 Kay Arthur, David Arthur, Pete De Lacy 2010: 26-27.

사실의 발견: 5W1H로 질문하기

전체를 관찰하는 것은 본문에서 사실을 발견하는 것과 관련이 있습니다. 우리는 다음과 같은 주요 질문에 답을 함으로써 사실들을 발견할 수 있습니다.

누가(who) 누가 썼는가? 누가 말했는가? 누가 주된 등장인물인가? 언급된 사람들은 누구인가? 저자가 누구에게 말하고 있는가? 저자는 누구에 관해 말하고 있는가?

언제(when) 언제 기록되었는가? 사건은 언제 발생했는가? 언제 말했는가? 언제 했는가?

어디에서(where) 어디에서 이 일이 일어났는가? 어디서 이 말을 했는가?

무엇이(what) 무슨 일이 일어나고 있는가? 본문이 사건을 말하는가 아니면 사상을 말하고 있는가? 중심 주제는 무엇이며, 핵심 단어는 무엇인가? 주된 가르침은 무엇인가? 이 사람들은 무엇과 같은가? 저자가 말하고자 하는 목적은 무엇인가?

어떻게(how) 어떻게 사건이 이루어졌는가? 그것은 어떻게 발생했는가?

왜(why) 왜 이것이 기록되었는가? 이것을 왜 언급했는가? 왜 그토록 많이 아니면 적게 이런 특별한 사건이나 가르침이 기록되었는가?

이러한 질문들은 자세한 관찰의 집을 짓기 위한 벽돌들입니다.

찾아야 할 다섯가지

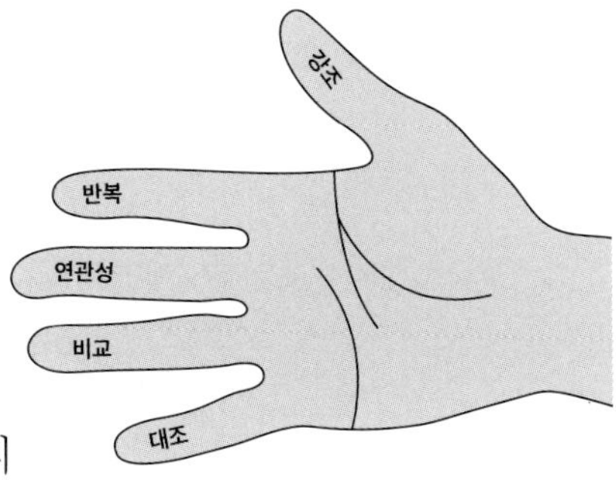

성경 본문을 관찰하는 데 도움이 될만한 방법이 있는데, 그것은 다섯 손가락을 이용하는 것입니다. 엄지는 강조되고 있는 것들을 말하고, 검지는 반복되는 것들, 중지는 연관성, 약지는 비교, 소지는 대조를 말합니다.[6]

가. 강조되고 있는 점들은 무엇인가?

성경을 공부할 때 우리는 강조되고 있는 점을 찾을 필요가 있습니다. 어떤 사상이나 사건, 혹은 사람이나 혹은 어떤 다른 소재가 강조되고 있는가를 찾아야 합니다.

• 어떤 책은 많은 분량을 부여함으로써 어떤 것을 강조합니다.

예를 들면 창세기는 50장으로 되어 있습니다. 첫 1-11장은 창조, 타락, 홍수, 바벨탑과 그 외 다른 사실을 다룹니다. 대조적으로 저자는 12-50장까지의 분량을 아브라함과 이삭, 야곱과 요셉의 네 조상들의 삶에 할애하고 있습니다. 이 책의 가장 중요한 부분은 하나님께서 자기 백성으로 택하신 아브라함의 가족입니다. 그 중에서 아브라함의 이야기는 12-25장에 걸쳐 나옵니다.

• 저자가 핵심을 강조하는 또 다른 방법은 기록의 목적을 말하는 것입니다.

---

6 Howard and William Hendricks, 2007:147-168.

우리는 요한복음 20장 30-31절에서 좋은 예를 볼 수 있습니다. "예수께서 제자들 앞에서 이 책에 기록되지 아니한 다른 표적도 많이 행하셨으나 오직 이것을 기록함은 너희로 예수께서 하나님의 아들 그리스도이심을 믿게 하려 함이요 또 너희로 믿고 그 이름을 힘입어 생명을 얻게 하려 함이니라." 인물이나 사건, 사상 등이 어디에 위치해 있는가에 따라 저자가 어떤 곳에 주의를 환기시키고 있는가를 알 수 있습니다.

• 저자는 비교진행 화법(comparative progression)을 통해 무언가를 강조합니다.

예를 들면, 저자가 '더욱(How much more)' 같은 단어들을 사용함으로써 강조하는 경우입니다. 바울은 로마서 5장 15절에서 말합니다. "그러나 이 은사는 그 범죄와 같지 아니하니 곧 한 사람의 범죄를 인하여 많은 사람이 죽었은즉 더욱 (How much more) 하나님의 은혜와 또한 한 사람 예수 그리스도의 은혜로 말미암은 선물은 많은 사람에게 넘쳤느니라."

나. 반복되는 것들은 무엇인가?

이는 성경에서 자주 사용된 단어를 말합니다. 아마도 반복보다 더 강한 가르침의 수단은 없을 것입니다. 반복은 강조입니다. 성경은 중요성을 강조하기 위해 용어나 어구나 구절을 거듭 반복합니다.

• 예를 들어, 시편 136편에는 "여호와께 감사하라. 그는 선하시며 그 인자하심이 영원함이로다"라는 말이 나옵니다. 시편 기자는 "그 인자하심이 영원함이로다"라는 말을 무려 26번이나 반복합니다. 왜 그럴까요? 저자는 하나님의 인자하심(love)이 영원하다는 것을 강조

하고 있는 것입니다.

• 히브리서 11장에서 '믿음으로' 라는 말이 20번 (한국 개역개정) 반복되어 나옵니다. 저자는 다른 상황 속에서 다른 시대를 산 다른 사람들에 관해 말하고 있습니다. 그러나 그들 모두는 '믿음으로' 살았습니다.

• 그외에 "아브라함아! 아브라함아!"(창 22:11), "사무엘아! 사무엘아!"(삼상 3:10), "사울아, 사울아"(행 9:4), "그 때에는 이스라엘에 왕이 없었으므로 사람마다 자기 소견에 옳은 대로 행하였더라"(삿 17:6; 18:1; 19:1; 21:25) 등이 있습니다. 반복은 종종 의도적으로 절정에 이를 수 있게 합니다. 반복은 매우 중요하다는 것을 가리키는 방법입니다.

다. 관련되는 것들은 무엇인가?

관련성은 서로 연관된 것이나 서로 상호작용하는 것을 말합니다.

• 이는 전체와 부분, 큰 그림과 세부적인 것들 사이의 관련성을 말합니다. 예를 들면 창세기 1장 1절: "태초에 하나님이 천지를 창조하시니라" 말씀은 개요를 말하고, 1장의 나머지 부분들은 세부적인 내용에 대해 말합니다.

• 질문 후에 대답이 나옵니다. 바울은 로마서 6장 1절에서 "그런즉 우리가 무슨 말을 하리요 은혜를 더하게 하려고 죄에 거하겠느냐?"라고 질문을 하고, 이어서 "그럴 수 없느니라"고 대답합니다. 그런 후 그는 2-14절에서 그 이유를 설명합니다. 그리고 다시 15절에서 "그런즉 어찌하리요? 우리가 법 아래에 있지 아니하고 은혜 아래에 있으니 죄를 지으리요?"(롬 6:15)라고 수사적인 질문을 던집니다. 그

대답은 "그럴 수 없느니라" 이며, 그 다음에 자세하게 그 이유를 설명합니다(롬 6:16-23).

• 성경에서 우리는 수많은 인과관계(cause-effect relationships)를 발견할 수 있습니다. 사도행전 8장 1절 : "사울은 그가 죽임 당함을 마땅히 여기더라. 그 날에 예루살렘에 있는 교회에 큰 박해가 있어 사도 외에는 다 유대와 사마리아 모든 땅으로 흩어지니라." 그러나 8장 4절은 말합니다. "그 흩어진 사람들이 두루 다니며 복음의 말씀을 전할새." 여기서 박해는 원인에 해당되고, 말씀을 전하는 것은 결과에 해당됩니다.

라. 유사한 것들(비교)은 무엇인가?

성경에서 직유나 은유를 포함하여 유사성을 나타내는 몇 가지 용어들을 발견할 수 있습니다.

• 직유: 찾고자 하는 가장 공통된 두 가지 표현은 "as"와 "like"입니다. 이들은 두 가지 사이의 비교를 이끌어내는 언어묘사인 '직유'라고 하는 비유법을 가리킵니다. 예를 들어 베드로전서 2장 2절은 말합니다. "갓난 아기들 같이 순전하고 신령한 젖을 사모하라. 이는 그로 말미암아 너희로 구원에 이르도록 자라게 하려 함이라." 베드로는 엄마 젖에 대한 아기의 갈망과 하나님의 말씀의 영양분에 대한 신자의 갈망을 비교하고 있습니다. 예수님도 직유를 사용하여 자신이 왜 십자가에서 죽어야 하는지 설명하셨습니다. "모세가 광야에서 뱀을 든 것 같이 인자도 들려야 하리니"(요 3:14).

• 은유: 직유와 관련되는 비유법의 다른 하나는 as나 like와 같은 단어를 사용하지 않고 비교를 하는 은유입니다. 예수님은 말씀하셨

습니다. "나는 참포도나무요 내 아버지는 농부라"(요 15:1). 예수님은 은유를 통해 아버지와 예수님과의 관계뿐 아니라 예수님과 신자와의 관계를 설명하십니다. 또 하나는 예수님이 거듭남에 관해 니고데모에게 말씀하셨을 때 비교를 사용하셨습니다. "육으로 난 것은 육이요 영으로 난 것은 영이니 내가 네게 거듭나야 하겠다 하는 말을 놀랍게 여기지 말라"(요 3:6-7). 저자는 직유와 은유 둘 다 사용하여 비교라는 효과적인 도구를 통해 독자와 대화하고자 하고 있습니다.

마. 서로 대조되는 점은 무엇인가?

비교의 다른 면은 대조입니다. 이는 반대되는 것과 연관이 있습니다.

• 그러나(But): '그러나'라는 단어는 방향의 변화가 오고 있다는 실마리입니다. 예수님은 산상수훈에서 반복해서 말씀하십니다. "…너희가 들었으나(but) 나는 너희에게 이르노니"(마 5:21-22,27-28,33-34,43-44). 부활하신 예수님은 사도들에게 말씀하셨습니다. "때와 시기는 아버지께서 자기의 권한에 두셨으니 너희가 알 바 아니요, 오직(But) 성령이 너희에게 임하시면 너희가 권능을 받고… 땅 끝까지 이르러 내 증인이 되리라.", "죄의 삯은 사망이요(but), 하나님의 은사는 그리스도 예수 우리 주 안에 있는 영생이니라"(롬 6:23).

• 그와 반대로(On the contrary): "그와 반대로"라는 구절은 서로 다른 두 가지를 대조하고 있다는 것을 말합니다. "악을 악으로, 욕을 욕으로 갚지 말고 도리어(on the contrary) 복을 빌라. 이를 위하여 너희가 부르심을 받았으니 이는 복을 이어받게 하려 하심이라"(벧전 3:9).

• 하지만(However): 서로 다른 것들을 대조시키는 또 다른 핵심되는 단어는 '하지만(however)'이라는 단어입니다. "결박과 환난이 나를 기다린다 하시나(however) 내가 달려갈 길과 주 예수께 받은 사명, 곧 하나님의 은혜의 복음을 증언하는 일을 마치려 함에는 나의 생명조차 조금도 귀한 것으로 여기지 아니하노라"(행 20:23-24).

• 대조되는 항목: 갈라디아서 5장에서는 죄의 소욕을 묘사하는 항목들(5:19-21)과 성령의 열매의 항목들(5:22-23) 사이에 뚜렷한 대조가 나옵니다.

바. 주의할 점

• 다섯 손가락 방법을 적용하는 것은 관찰의 다섯 가지의 주요 단계를 쉽게 기억할 수 있게 해 줍니다. 하지만 실제로 이를 할 때는 반복되는 단어와 사상을 먼저 찾는 것이 좋습니다. 그 후에 관련성, 비교, 대조를 찾은 후에 결론적으로 강조를 찾을 수 있습니다.

• 이 다섯 단계의 관찰이 모든 성경 본문에서 동일하게 중요한 것은 아니라는 것을 염두에 두어야 합니다. 예를 들어, 어떤 본문은 비교가 많고 대조가 없습니다. 계시록 1장을 보면 영광스러우신 그리스도를 묘사하기 위해 비교를 많이 사용한 반면 대조는 단지 한 두 개에 불과합니다(계 1:12-18).

단어 연구

가. 접속사와 감탄사

1) 접속사: 문장의 부분들을 합치거나 연결시키는 단어를 말합니다. 여기에는 등위접속사, 상관어구, 종속접속사, 부사어구의 네 가지가 있습니다.

• 가장 일반적인 등위접속사는 for, and, nor, but, or, yet, so의 7가지가 있습니다(앞 글자만 따서 "fanboys"라고 함).

• 상관접속사는 주절에 의존하는 단어나 구를 말합니다. 여기에는 than, rather than, whether, as much as, whereas, that, whatever, which, whichever, after, as soon as, as long as, before, by the time, now that, once, since, till, until, when, whenever, while, though, although, even though, who, whoever, whom 등이 있습니다.

• 부사어구에는 accordingly, furthermore, moreover, similarly, also, hence, namely, still, anyway, however, nevertheless, then, besides, incidentally, next, thereafter, certainly, indeed, nonetheless, therefore, consequently, instead, now, thus, finally, likewise, otherwise, undoubtedly, further, meanwhile 등이 있습니다.

2) 감탄사: 이는 갑작스럽거나 강한 느낌을 표현하기 위한 단어나 어구를 말하는데 여기에는 '정말Indeed,' '아Ah!', '아이구Ouch', "와Wow"', '오마이Oh my', '보라behold' 등이 있습니다. "보라(behold)라는 단어는 헬라어 본문에 많이 등장하지만 영어성경 특히 NIV에서는 잘 번역되어 있지 않습니다. 이 단어는 그 다음에 나오는 것을 이해하기 위한 분위기를 조성하므로 우리는 이를 잘 관찰해야 합니다.

나. 핵심 단어와 주요 사상

성경 본문에서 어떤 핵심 단어나 사상을 이해하려면 더 깊이 공부해야 합니다. 예를 들어, 요한일서 1장1-10절에서 '사귐'이라는 단어가 4번 나오는데, 이 단어의 깊은 의미를 이해하기 위해서는 헬라어 본문과 다른 참고서를 이용하여 좀더 자세히 공부할 필요가 있습니다. 요한일서 전체에서 이 단어가 핵심 사상이기 때문에 그것이 어떻게 사용되고 있는지 이해하는 것은 매우 중요합니다.

큰 그림을 그려라

우리는 '벌레의 눈(worm's-eye view)'으로 보는 것이 필요하듯이, '새의 눈(bird's-eye view)'으로 볼 필요가 있습니다. 다시 말하면 전체의 맥락을 파악한다면 본문의 상세한 부분을 더 잘 이해할 수 있습니다. 큰 그림을 그리는 가장 좋은 방법은 차트를 만들거나 그림을 그리는 것입니다. 아래 차트를 보십시오.[7]

그림이나 챠트는 우리 자신의 생각에서 나와서는 안 되고, 성경본

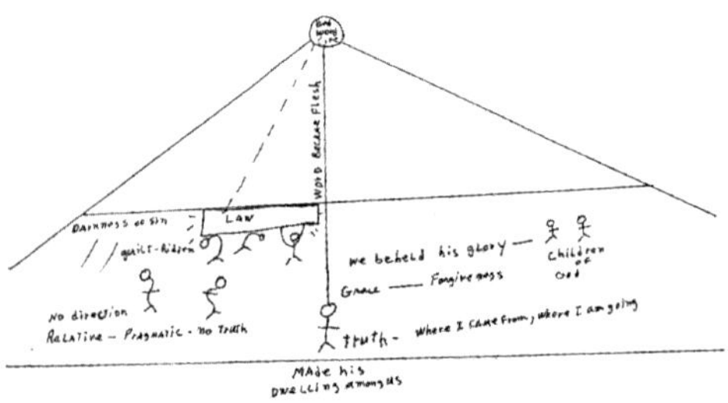

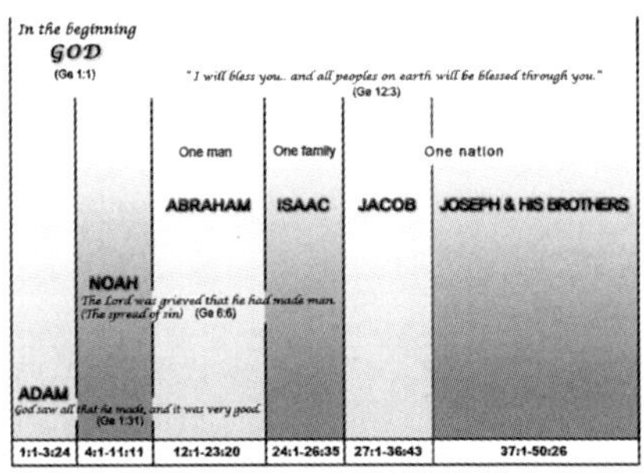

7 Genesis chart and John's gospel picture by Missionary Sarah Barry

문에서 자세하게 공부한 것을 기초로 해야 합니다. 우리가 본문을 자세하게 공부할 때, 자세한 것에 매여서 큰 그림을 못볼 위험성이 있습니다. 이 위험을 피하기 위해서는 본문의 주요 사상을 찾는 큰 그림을 그리고자 애쓰는 것입니다. 한번 그림을 그리는 것으로 충분하지 않습니다. 우리는 본문에 비추어서 큰 그림을 계속해서 살펴봐야 합니다. 이는 확대 또는 축소해서 보는 것과 같습니다.

챠트나 그림은 성경공부하는 사람에게 지도와 같습니다. 이는 시각매체 중심의 문화에서 살고 있는 사람들에게 도움이 됩니다. 챠트와 그림은 구절과 단락, 본문의 한 구획, 그리고 심지어 책과 책 사이의 관계를 보여줄 수 있습니다. 챠트를 이용하면 한 눈에 본문의 목적과 구조를 이해할 수 있습니다. 잘 구성된 챠트는 기억하기에 좋습니다. 챠트는 중요한 사상이나 특징을 두드러지게 할 수 있습니다. 또한 비교나 대조를 잘 나타내 주며 핵심 용어와 구절을 드러내 줍니다. 무엇보다도 저자의 목적에 맞는 중요한 내용을 구조적으로 그려낼 수 있습니다.[8]

사실을 발견하는 것으로 충분하지 않다

지금까지 우리는 어떻게 본문을 관찰할 수 있는지 배웠습니다. 이제 다음 단계로 넘어갑시다. 아가시 교수(1807-1873)는 학생들에게 사실을 찾아내고 그것들을 질서 있게 배열하는 훈련을 시켰지만, 그는

---

8 Howard and William Hendricks, 2007:185

결코 거기에 만족하지 않았습니다. 그는 말했습니다. "사실 그 자체는 그것이 어떤 일반적 법칙과 연관시키기까지는 어리석은 것들에 불과하다."[9] 이런 원칙은 성경공부에도 적용됩니다. 많은 사람들이 사실을 발견하고 모으는 것은 잘하지만, 그후 그 사실을 어떻게 해야 할지 모릅니다. 사실을 발견하는 것으로는 충분하지 않습니다. 우리는 그 사실이 의미하는 바가 무엇인지 이해해야 합니다. 이를 해석작업이라고 합니다.

예를 들어, 예수님께서 제자들에게 바리새인들과 헤롯의 누룩을 주의하라고 경고하셨을 때 그들은 '누룩'이라는 단어를 듣고 빵이 없는 것에 대해 생각했습니다. 그들은 오천 명과 사천 명을 먹이신 예수님의 전능하신 능력을 체험하고도 이 사건들의 의미를 이해하지 못했습니다. 그래서 예수님은 그들에게 남은 조각 몇 광주리를 거두었더냐고 질문하셨습니다. 그들은 각각 "열 둘이니이다", "일곱이니이다"라고 대답했습니다(막 8:14-21). 이것들은 사실에 해당합니다. 그들은 사실을 붙들어야 합니다. 그러나 그것으로 충분하지 않습니다. 예수님은 그들에게 그 사실의 의미인 예수님이 풍성하게 공급하실 수 있는 메시아 즉 구주시라는 것을 이해하기를 원하셨습니다. 그들이 사실의 의미를 이해할 때, 그들은 걱정하거나 두려워할 필요가 없고 바리새인이나 헤롯의 악영향을 받지 않게 됩니다. 우리가 본문을 관찰하면 그 사실에 근거해서 "그것의 의미가 무엇일까?"라고 질문할 준비를 갖추게 됩니다.

---

9 Ibid., p.194.

4장

해석의 테두리

우리는 성경 해석에 있어서 일정한 테두리를 유지할 필요가 있습니다. 이 테두리 안에서 각자의 경험과 배경과 학력과 성숙도의 차이에 근거하여 다양한 해석을 할 수 있는 여지를 가질 수 있습니다. 그러나 이 테두리를 넘어서면 그리스도인의 기본신앙과 타협하게 됩니다. 심지어는 이단 종파가 될 위험성을 띠게 되어 더 이상 보편적인 그리스도 교회의 합법적인 일원이 될 수 없습니다.

해석은 관찰한 사실의 의미를 발견하는 것입니다. 사실을 관찰하고 그것을 해석하는 것 사이에는 연관성이 있어야 합니다. 진실로 해석은 관찰한 사실에 기초해야 합니다. 그러나 어떤 사람들은 본문을 해석할 때 사실을 무시합니다. 그들은 자기 생각에 기초해서 해석하고 또 성경의 뜻이 자기들이 원하는 뜻이기를 바랍니다.

예를 들어, 자신이 그리스도인이라고 말하는 노예 소유자들은 성경을 통해 노예제도를 정당화하였습니다. 또 어떤 사람들은 다윗 왕과 같은 위대한 지도자가 많은 아내를 거느린 것에 대해 놀라며 이에 따라 일부다처제를 정당화하려고 합니다. 그들은 이렇게 함으로써 역사적, 문화적 맥락을 무시하고 저자가 말하고자 하는 핵심을 놓치고 있습니다. 성경의 가르침이 정말 의미하는 바가 무엇인가를 올바로 해석하는 것은 매우 중요합니다.

해석을 어떻게 해야 하는지를 다루는 학문의 한 분야가 '해석학'인데 이 주제를 다룬 많은 위대한 책들이 있습니다. 이 책들은 이 분야를 연구하기 위해 그들의 삶을 헌신한 학자들이 저술하였습니다. 이 책들은 도움이 되지만 매우 학문적이고 기술적이라서 일반 사람들이 쉽게 그 책을 이해하기 힘들다는 것이 문제입니다. 그래서 우리는 그러한 관점으로 해석에 접근하지 않고 일반 사람들이 성경을 옳게 해석할 수 있도록 도와주는 몇 가지 중요한 지침을 제공하고자 합니다. 이 지침들은 어떤 테두리로서의 역할을 합니다.

테두리는 어떤 종류의 관계성을 맺는데에서도 필요합니다. 다른 사람과 좋은 관계성을 맺기 위해서는 서로 존중함으로 상대와의 공간을 두면서 상대를 배려해야 합니다. 다른 사람들과 관계성을 맺을 때, 특히 결혼생활에서 넘지 말아야 할 선이 있습니다. 모두가 받아

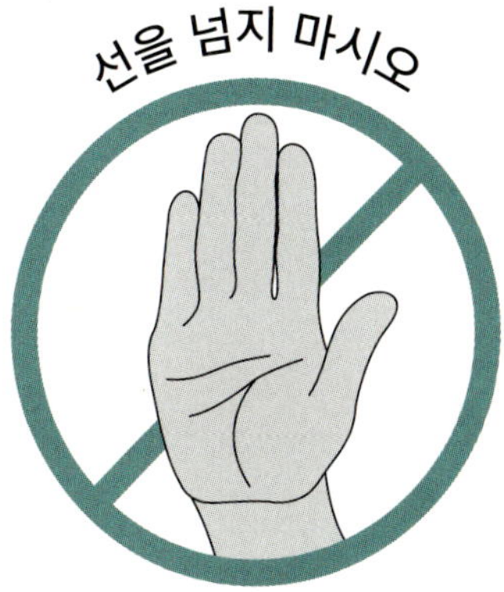

들이는 테두리를 지킬 때 우리는 건강하고 생명력 있는 관계성을 맺을 수 있습니다.

이와 같이 우리는 성경 해석에 있어서 일정한 테두리를 유지할 필요가 있습니다. 이 테두리 안에서 각자의 경험과 배경과 학력과 성숙도의 차이에 근거하여 다양한 해석을 할 수 있는 여지를 가질 수 있습니다. 그러나 이 테두리를 넘어서면 그리스도인의 기본신앙과 타협하게 됩니다. 심지어는 이단 종파가 될 위험성을 띠게 되어 더 이상 보편적인 그리스도 교회의 합법적인 일원이 될 수 없습니다. 이 때문에 누구든지 성경을 바르게 해석하려면 어떤 자격이 필요하고 또한 기본적인 원리들을 따라야 합니다.

첫째, 해석하는 사람의 자격

모든 사람이 성경을 읽을 수 있지만 모든 사람이 성경을 올바로 해석할 수 있는 것은 아닙니다. 영적 성장을 증진시키거나 다른 사람을 가르치기 위해서는 정확한 해석은 필수적입니다. 그래서 해석하는 사람은 자격이 있어야 합니다. 무엇보다도 해석하는 사람은 성경에 영감을 불어넣은 하나님의 영을 소유해야 합니다. 마커스 도즈(Marcus Dods)는 이렇게 말했습니다. "성경을 읽는 사람이 성경을 알고 사용하기 위해서는 하나님께서 저자에게 그가 계시한 것을 이해하고, 그 내용을 기록하는 것을 가능하게 했던 동일한 성령을 덧입어야 한다. 성경은 기록된 책이지만, 죽은 사람이나 사건에 대한 죽은 기록이 아니다. 그것은 오늘날 사람들에게 말씀하시기 위해 성경을 사용하시는 살아계신 성령님의 감동으로 기록된 책이다… 성경은 살아계신 하나님이 자신을 알리기 위한 매개체이다."[1]

다음은 하나님의 영을 소유한 사람들의 특징입니다.

가. 거듭난 사람

타락한 자연인은 하나님을 거스르는 육적인 마음을 가졌습니다. 그래서 그들은 성경을 올바르게 해석할 수 없습니다. 성령의 역사로 거듭난 사람들만이 성경을 올바르게 해석할 수 있습니다.

사람이 영적으로 거듭나지 않으면 하나님 나라를 볼 수 없습니다. 이는 하나님 나라의 성격을 이해하거나 그 축복을 공유할 수 없다는 말입니다.

"예수께서 대답하여 이르시되 진실로 진실로 네게 이르노니 사람이 거듭나지 아니하면 하나님의 나라를 볼 수 없느니라." 요한복음 3:3

"육에 속한 사람은 하나님의 성령의 일들을 받지 아니하나니 이는

---

1 Marcus Dods, The Nature, and Origin of the Bible, p. 102; Bernard Ramm 1970:12-13.

그것들이 그에게는 어리석게 보임이요 또 그는 그것들을 알 수도 없나니 그러한 일은 영적으로 분별되기 때문이라."고린도전서 2:14

나. 하나님의 말씀을 알고자 하는 열정

성경은 누구나 발견할 수 있는 감추어진 보화가 담긴 책입니다(마 13:44). 이 보화는 특별한 지식을 가진, 특별한 사람을 위해 있는 것이 아닙니다. 에티오피아 내시(행 8:26-38)나 마음이 너그러운 베뢰아 사람(행 17:11)처럼 진리를 알고자 하는 열정이 있는 사람이라면 누구나 이 보화를 발견할 수 있습니다.

"천국은 마치 밭에 감추인 보화와 같으니 사람이 이를 발견한 후 숨겨 두고 기뻐하며 돌아가서 자기의 소유를 다 팔아 그 밭을 사느니라."마태복음 13:44

"베뢰아에 있는 사람들은 데살로니가에 있는 사람들보다 더 너그러워서 간절한 마음으로 말씀을 받고 이것이 그러한가 하여 날마다 성경을 상고하므로"사도행전 17:11

다. 하나님께 대한 경외심

우리가 성경을 공부할 때 겸손과 인내로 특징지어지는 하나님께 대한 경외심이 필요합니다. 우리는 내 생각이 하나님의 말씀과 상반됨에도 불구하고 더 낫다고 생각하고 이를 주장하는 경향이 있습니다.

예를 들어, 예수님께서 구원에 대한 하나님의 방법인 십자가의 도에 대해 말씀하셨을 때, 베드로는 이를 강하게 반대하여 예수님을 꾸짖으며 말했습니다. "주여, 그리 마옵소서. 이 일이 결코 주께 미치지 아니하리이다"(마 16:22). 그때 예수님은 "사탄아, 내 뒤로 물러 가라.

너는 나를 넘어지게 하는 자로다. 네가 하나님의 일을 생각하지 아니하고 도리어 사람의 일을 생각하는도다"라고 말씀하시며 그를 책망하셨습니다(마 16:23). 비록 베드로의 생각은 선했지만, 이는 하나님의 구원 역사를 방해하는 넘어지게 하는 돌이었습니다. 그러므로 베드로는 그 말씀을 이해할 수 없을지라도 겸손하게 예수님의 말씀을 영접해야 했습니다. 왜냐하면 하나님의 생각과 길은, 하늘이 땅보다 높음 같이 우리의 생각과 길보다 더 높기 때문입니다(사 55:8-9).

우리는 끊임없이 마음을 비우고 하나님의 생각과 길에 대해 열린 마음을 가져야 합니다. 비록 우리가 하나님의 말씀의 깊은 의미를 당장에 깨닫지 못한다고 하더라도, 하나님이나 그의 말씀을 탓해서는 안 됩니다. 오히려 우리는 인내심을 가지고 기도하는 마음으로 하나님이 우리를 도와주실 때까지 이해하려고 노력해야 합니다.

라. 영적 순결

하나님의 말씀은 성령의 감동으로 된 것으로 말씀을 이해하기 위해서는 성령의 조명이 필요합니다.

우리 마음에 죄를 용납할 때 그것은 성령의 불을 소멸하게 합니다. 죄는 우리 마음을 완악하게 하고 우리의 눈을 가려서 말씀의 깊은 의미를 깨닫지 못하게 합니다. 죄는 올바른 성경 해석에 가장 큰 장애물입니다. 고백하지 않고 회개치 않은 죄는 성령의 역동성을 약화시키고, 우리를 계속해서 괴롭히며, 우리에게서 힘과 영적 분별력을 빼앗아갑니다.[2] 만일 우리가 죄를 고백하면 예수님의 피가 우리를 깨끗

2 Greg Heisler 2007:83.

하게 하고 성령께서 우리 안에 역사하실 수 있게 됩니다.

우리가 성령의 조명을 받을 때 성령께서 말씀의 깊은 의미를 이해하게 하십니다. 성화되고 성령 충만한 삶은 성경을 올바르게 해석하기를 원하는 사람에게는 누구나 꼭 필요합니다.

마. 영적 성장

하나님의 말씀은 살았고, 운동력이 있어 이를 영접하는 자는 영적으로 성장하게 됩니다. 우리가 성장할수록 말씀에 대한 이해심도 깊어지게 됩니다. 만일 성장하지 않는다면 해석하는 능력이 정체되고, 새로운 보화를 발견하는 것보다 과거에 배운 것을 되풀이하게 됩니다. 우리가 성경의 좋은 해석자로서 자격을 갖추려면 영적으로 성장해야 합니다. 우리가 그리스도 안에서 성장하면 할수록 성경에 대한 우리의 이해도 성장하게 됩니다. 그때 우리는 성경선생으로서 좋은 열매를 맺을 수 있습니다.

둘째, 해석의 일반 원칙들

이제까지 우리는 누가 성경을 해석할 자격이 있는지 살펴보았습니다. 이제 성경을 해석하는 자들이 따라야 할 일반적 원칙들에 대해 생각해 보겠습니다.

원칙1: 성령을 의지하고 성령의 조명을 간구하라

성경은 인간이 쓴 책이면서도 동시에 영적인 책

성경은 인간이 쓴 책으로서 인간 커뮤니케이션의 형태처럼 지적으로 공부해야 합니다. 이는 우리가 지식을 얻는데 필요한 자연스러운 원칙들을 성경에 적용해야 한다는 말입니다. 또한 성경은 영적인 책으로서 하나님의 감동으로 쓰여진 하나님의 계시입니다. 그런 의미에서 성경은 성령의 조명을 받아 이해해야 합니다.

"그러나 진리의 성령이 오시면 그가 너희를 모든 진리 가운데로 인도하시리니" 요한복음 16:13a

성령의 감동(inspiration)과 조명(illumination) 사이의 차이점을 이해하는 것은 도움이 됩니다. 우리는 보통 "오늘 하나님의 말씀에 감동을 받았다"라고 말합니다. 실상 이는 "하나님의 말씀의 조명을 받았다"는 뜻입니다. 이렇게 감동을 받았다고 말하는 것은 전혀 문제가 되지 않습니다. 하지만 우리가 성경 해석의 과정을 더 잘 이해하고자 한다면 이 차이를 구분해야 합니다. 성경은 완전히 성령의 감동하심으로 된 하나님의 말씀이며 성령의 감동의 과정은 이미 완료되었습니다(딤후 3:16; 벧후 1:21). 반면에 믿는 자 개개인을 모든 진리 가운데로 인도하시기까지 단계적으로 조명하시는 성령의 지속적인 역사가 있습니다. 어떤 의미에서 '성령의 감동' 은 성경의 본래 저자에게만 속합니다. 그러나 '성령의 조명' 은 성경을 공부하고 이를 이해하고자 하는 자에게는 누구에게나 임합니다. 우리는 죄악되고 타락하고 허물 많은 인간이기 때문에 이런 성령의 조명이 절실히 필요합니다.

하나님은 성경을 통해 우리에게 직접 말씀하시고, 우리의 구체적인 삶의 상황에 대해 직접 말씀하십니다. 우리 마음 속의 성령의 역사는 주관적이며, 믿는 각 개인에게 독특합니다. 하지만 그 주관적인 측면이 결코 성경의 객관적인 의미를 대체할 수 없습니다. 때로 성경공부 중에 어떤 사람이 성경의 객관적인 의미에 반하는 해석을 주장할 수 있습니다. 그 사람은 자신의 입장을 변호하기 위해 "성령께서 나에게 이렇게 말씀하셨다"고 말할지 모릅니다. 우리는 성령께서 사람들을 조명하실 때 성경과 모순되지 않는다는 것을 알아야 합니다. 그러므로 일반적으로 이해되는 성경의 객관적 의미와 모순이 되는 성경에 대한 사적인 이해를 주장해서는 안 됩니다. 우리는 인내할 필요가 있습니다. 성령께서는 믿는 한 사람 한 사람을 단계적으로 인도하시고, 조명해 주셔서 보편적으로 모든 사람에게 적용가능한 진리에 대한 완전한 이해에 이르도록 해 주십니다. 우리는 모든 것을 분명하게 해 주시는 하나님을 신뢰해야 합니다(빌 3:15).

인간의 지혜가 아니라 오직 성령으로 하나님의 지혜를 발견하라

"육에 속한 사람은 하나님의 성령의 일들을 받지 아니하나니 이는 그것들이 그에게는 어리석게 보임이요, 또 그는 그것들을 알 수도 없나니 그러한 일은 영적으로 분별되기 때문이라."고린도전서 2:14

고린도 시는 인간의 이성으로 지혜를 찾는 철학자들로 가득했습니다. 그러나 그들은 십자가의 도리인 하나님의 구원의 방법을 이해할 수 없었습니다. 그들은 십자가를 어리석은 것으로 여겼습니다. 그 세대의 통치자들이 하나님의 구원의 방법을 이해하였었더라면 그들은 영광의 주님을 십자가에 못 박지 않았을 것입니다(고전 2:8).

하나님의 지혜는 인간의 지혜가 아닌 오직 성령으로만 발견할 수 있습니다. 예수님의 제자들은 평범하고 배우지 못한 사람들이었지만 그들이 성령의 능력을 덧입었을 때 영적인 실체를 분별하고 귀신을 내쫓을 수 있었습니다. 그때 예수님은 성령으로 기쁨이 충만하여 말씀하셨습니다. "천지의 주재이신 아버지여, 이것을 지혜롭고 슬기 있는 자들에게는 숨기시고 어린 아이들에게는 나타내심을 감사하나이다. 옳소이다. 이렇게 된 것이 아버지의 뜻이니이다"(눅 10:21).

지적이고 교육을 잘 받은 사람들 중, 하나님의 영이 없는 사람은 성경을 다른 책을 이해하는 것처럼 이해할 수 있다고 생각할 수 있습니다. 아마도 그들은 성경에 관하여 많은 것을 말하고 글을 쓸 수 있습니다. 그러나 그들은 성경이 정작 말하고자 하는 바를 이해할 수는 없습니다. 이는 그들이 하나님의 영을 가지지 못했기 때문입니다. 호레이스 부시넬(Horace Bushnell)은 말했습니다. "세상의 영은 성경을 닫아버리지만, 하나님의 영은 성경에 불을 지펴서 모든 의미와 영광스러운 진리를 활활 타오르게 한다."[3] 하나님의 말씀은 오직 성령을 가진 사람들만이 이해할 수 있습니다. 성령은 우리에게 성경의 진정한 의미를 이해할 수 있는 지혜를 줍니다. 성령은 하나님의 말씀이 진리라는 것을 증명할 수 있는 유일한 분이시며, 믿는 자들의 마음에 내주하셔서 역사하시며 이 일을 행하십니다.[4]

기도는 성경 공부의 필수적인 요소

기도는 성경공부에 있어서 필수적입니다. 성경을 잘 해석하기 위해서는 올바른 이해를 위해 기도해야 합니다. 우리가 기도할 때 하나님은 우리가 깊은 의미를 깨닫도록 도와주십니다. 챨스 스펄전(Charles H. Surgeon)은 성경에서 이해할 수 없는 부분에 직면했을 때, 이는 마

3 Robert Traina 1980:13.
4 John MacArthur 1980:43.

치 하나님께서 그가 무릎을 꿇고 예배하도록 의자를 마련해 놓는 것 같다고 말했습니다.[5] 기도는 시작할 때와 끝날 때와 전 과정에 걸쳐 이루어져야 합니다.

"내 눈을 열어서 주의 율법에서 놀라운 것을 보게 하소서." 시119:18

원칙2: 풍유나 신비적으로 하지 말고 문자적으로 해석하라

역사적 맥락의 중요성

성경은 문학입니다. 성경은 역사적 맥락 속에서 당시에 사용되었을 때의 의도했던 의미를 파악하여 먼저 문자적으로 이해해야 합니다. 해석의 함정은 문자적 의미와 관련이 없는 풍유나 신비적인 접근을 하는데 있습니다. 문학의 주제는 추상적인 관념이나 가정이 아니라 인간의 경험입니다. 문학이 우리에게 주는 지식이나 진리는 역사 속에서 실제 경험한 실체나 진리를 인식하는 것입니다.[6]

그러므로 역사적 맥락은 매우 중요합니다. 풍유적인 해석의 큰 실수는 역사적인 맥락을 무시하는 것입니다. 무엇보다 우리는 역사적 맥락에 기초해서 하나님의 말씀을 자연스럽고 상식적으로 이해될 수 있는 범위 내에서 액면 그대로 받아들여야 합니다. 일반적으로, 본문의 가장 정확한 의미는 가장 명백한 것입니다. 성경이 말하고 있는 바의 의미는 단순합니다. 우리는 문자적 해석에 대한 자세한 안내를 제공하고자 하기보다, 풍유나 신비주의적인 해석이 되지 않도록 안내하기를 원합니다. 이를 위해 우리는 몇 가지 안내를 생각해 보겠습니다.

---

5 Irving Jensen 1980:74.

6 Leland Ryken 1984:17.

문학 장르에 비추어서 이해하라

성경은 이야기, 역사, 시가, 비유, 예언, 지혜 등 다양한 종류의 문학 형태로 이루어져 있습니다. 각각의 문학 형태는 그 장르의 규칙에 따라서 해석되어야 합니다. (문학 형태에 대한 포괄적인 취급은 제 7장을 참조하시오.)

문자적 해석은 단순한 문자가 아니라 비유적 문자

성경을 문자적으로 해석하는 것은 글자 그 자체를 떠받드는 '문자주의'를 말하는 것이 아닙니다. 또한 언어의 뉘앙스를 무시하라는 것도 아닙니다. 오히려 '암묵적' 이해를 포함한 정상적이고 관습적이며, 전통적인 범주 안에서 가장 최선의 것을 이해하는 것입니다.[7] 달리 말하면, 문자적 해석은 단순한 문자적 해석이 아니라 비유적 문자이어야 합니다.

예를 들어, "여호와는 그를 경외하는 자 곧 그의 인자하심을 바라는 자를 살피사"(The eyes of the Lord are on those who fear him, 시 33:18)라는 구절은 비유적 문자의 문장으로 이해해야 합니다. 이는 하나님의 전지하심을 표현하는 것으로 해석해야 합니다. 그러나 이 문장을 단순히 문자적 의미로 받아들이면 알렉산드리아 학파가 그러했듯이 이를 실제 하나님의 눈을 가리키는 것으로 생각하게 됩니다.[8]

또 다른 예를 들면, 예수님께서 "만일 네 눈이 너를 범죄하게 하거든 빼어 내버리라. 한 눈으로 영생에 들어가는 것이 두 눈을 가지고

---

7 Bernard Ramm 1970:121.

8 Ibid., p. 49.

지옥 불에 던져지는 것보다 나으니라"고 말씀하셨습니다(마 18:9). 만일, 이를 글자 그대로 해석하게 되면 우리는 모두 눈을 뽑아버려야 합니다. 그러면 천국은 한쪽 눈만 가진 상처입은 사람들로 가득할 것입니다. 그러나 이를 비유적 문자의 개념으로 이해할 때, 이는 죄에 대해서 매우 심각하게 여겨야 하는 경고입니다.

본문의 맥락을 배제한 풍유적 해석을 피하라

비유와 유형, 풍유와 상징, 비유적 표현, 신화와 우화는 본문에 영적인 의미가 있다고 추정합니다. 그러나 우리는 먼저 본문의 맥락을 이해하지 않고서 그 의미를 이해하려고 해서는 안 됩니다. 씨뿌리는 자의 비유는 문자 그대로 '농사' 언어의 맥락 속에서 이해해야 합니다(막 4:1-20). '사자'의 상징은 비유적 표현으로 사자에 관한 확실한 사실에 기초하고 있습니다(창 49:9). 기도의 상징인 '향'은 일상적 삶 속에서 향을 사용한 맥락 속에서 이해되어야 하고, 일상적인 대화에서 문자적 언어 속에서 표현된 것입니다(계 5:8).

성경에서 풍유적 해석이 있을지라도, 풍유적으로 해석해서는 안 되고 문자적으로 해석해야 합니다. 예를 들어, 갈라디아서 4장 21-31절에서 사도 바울은 아브라함과 사라와 하갈에 대해 풍유적으로 언급하였습니다. 그는 그리스도를 믿는 사람들은 여종 하갈이 아니라 자유인인 사라를 통해 태어난 아브라함의 자손이라고 설명했습니다. 그러므로 그리스도인들은 율법에 얽매인 자가 아니라 은혜 안에 있는 자입니다. 바울은 사도로서 성령의 감동으로 풍유를 사용할 수 있었습니다. 그러나 이는 우리로 하여금 성경을 풍유적으로 해석하도록 전례를 만든 것이 아닙니다. 우리는 언어의 문자적 사용을 반

영하는 역사적이고, 사실적인 서술에 기초해서 성경을 해석해야 합니다.[9]

풍유적 해석의 역사적 오류들

성경해석의 역사를 살펴볼 때, 어떤 해석자들은 기본적 원칙에서 오류를 범했음을 발견할 수 있습니다. 예를 들어, 알렉산드리아 학파 사람들은 풍유적 해석의 원칙을 오용했습니다. 그들의 동기는 헬라 철학에 대한 성경의 우월성을 나타내고자 함이었습니다. 그러나 그들은 헬라적인 사고방식을 가지고 이를 시도했습니다. 그들은 성경이 상징의 언어로만 우리에게 말하고 있기 때문에, 그 해석에는 신적인 은혜의 선물이 요구된다고 생각했습니다. 그들은 열정을 가지고 종종 본문의 분명한 의미와 관계없는 풍유적 해석을 시도하였습니다. 그들은 그렇게 하는데는 성경적 기초가 있다고 주장했습니다.

그 대표적인 학자는 오리겐(Origen)인데, 그는 인간 인격에 대한 삼중 분석을 옹호하기 위해 데살로니가전서 5장 23절을 해석했습니다. "평강의 하나님이 친히 너희를 온전히 거룩하게 하시고 또 너희의 온 영과 혼과 몸이 우리 주 예수 그리스도께서 강림하실 때에 흠 없게 보전되기를 원하노라." 모든 성경 구절에는 '육적' 또는 문자적 의미와, 도덕적 또는 '영적인' 의미와, 풍유적 또는 신비적인 의미가 있는데, 그는 이를 정당화하기 위해 모든 성경 해석에 이를 적용하였습니다. 그들은 이를 기초로 모든 성경 구절을 그런식으로 해석했습니다.

예를 들어, 율법의 돌판을 우주의 상징으로 해석하고, 사라와 하

---

9 Bernard Ramm 1970:124.

갈을 각각 지혜와 이교도 철학의 상징으로 해석했습니다. 오늘날에도 스코필드(C.I. Scofield)는 창세기 1장 16절을 풍유적으로 해석합니다. 그는 본문의 평이한 의미를 거부하는 것은 아니지만, 그리스도 중심으로 더 깊은 영적 의미를 발견해야 한다고 주장합니다. 이를 예표론이라고 부릅니다. 그는 큰 광명인 태양을 그리스도로 보고, 작은 광명인 달은 교회, 그리고 별은 각각의 믿는 자로 봅니다.

아마도 가장 유명한 풍유적 해석은 누가복음 10장에서 오리겐의 선한 사마리아 비유에 대한 해석일 것입니다. 그는 강도 만난 사람은 아담으로, 예루살렘은 낙원으로, 여리고는 세상으로 보았습니다. 제사장은 율법, 레위인은 선지자들, 사마리아인은 그리스도, 나귀는 상처(상처는 그의 죄) 입은 사람의 짐을 지는 그리스도의 몸, 여관은 교회로 보았습니다. 사마리아인이 돌아오겠다는 약속은 그리스도의 재림에 대한 약속을 의미합니다. 이 해석은 비유의 단순한 문자적 의미를 없애버린 것입니다. 예수님은 단순히 도움이 필요한 자는 누구든지 우리의 이웃이며, 그들을 어떻게 도와야 하는가를 가르쳐 주셨습니다. 이 비유는 우리로 하여금 실제적으로 우리의 이웃을 사랑하도록 하는 것입니다. 그러나 풍유적 해석은 원래의 의미를 빼버리고 그것을 복음을 전하는 것으로 바꾸었습니다.

알렉산드리아 학파 사람들은 풍유적 해석을 함으로써 전체 성경의 역사에서 실제성을 없애버렸습니다. 그들은 창세기를 해석하는데, 아담은 실제 아담이 아니고, 낙원은 실제 장소가 아니며, 뱀은 실제 뱀이 아니었다고 할 정도로 풍유적으로 해석했습니다. 본질적으로 실제 사건이 없습니다. 그러나 이는 다음과 같은 문제를 야기시키게 됩니다. 만일 아담이 실제 인물이 아니고 죄를 짓지 않았고 하나님의 명령을 불순종하지 않았다면, 죽음이 어떻게 세상에 들어왔으며, '구원'은 어떤 의미를 가지는 것입니까? 사도 바울은 아담은 실제 인물이며, 그의 불순종으로 말미암아 죄가 세상에 들어왔고, 이브는 뱀의 간계로 미혹을 받았음을 분명히 믿었습니다(롬 5:17-19; 고후 11:3).

안디옥 학파 사람들은 알렉산드리아 학파 사람들이 주장한 풍유적 해석을 반대하였습니다. 그들은 성경의 계시의 역사적 실제를 강조했습니다. 그들은 개혁주의 학자들에게 지대한 영향을 끼쳤습니다. 이런 성경 해석의 역사는 성경을 풍유적으로 해석하지 않고, 문자적으로 해석하는 것의 중요성을 보여 줍니다.

원칙 3: 문맥 속에서 성경을 해석하라

성경은 하나님의 감동으로 되었지만, 인간의 문화 속에서 인간의 언어로 기록되었습니다. 이는 성경이 기록된 문맥을 제공해 줍니다. 그러므로 우리가 본문의 의미를 옳게 이해하기 위해서는 그것이 기록된 문맥을 이해해야 합니다.

본문에서 시작하여 동심원을 그리며 살펴보기

우리가 보통 일련의 관련된 진술을 통해 소통하듯이, 각 문장도 문맥 속에서 표현된 다른 개념들에 비추어 저자의 생각의 흐름의 입장에서 이해해야 합니다.[10] 우리가 책의 구조와 메시지를 전체적으로 이해할 때, 각 부분의 의미는 더욱 분명해집니다. 사람들이 성경을 오해

10 Klein, Blomberg, and Hubbard, Jr. 2004: 215.

하고 오역하고 오용하는 가장 일반적인 이유는, 성경의 전체적인 맥락 가운데서 본문을 공부하지 못하기 때문입니다.[11] 우리가 다루는 본문 주위의 구절들은(전후 단락, 전후 장, 그 책 전체) 그 본문을 이해하는데 도움이 됩니다. 성경 구절을 좁게 공부할수록 오류가 생길 가능성은 더 커집니다. 대체로 짧은 본문에는 그보다 더 넓은 영역의 본문에 함유되어 있는 일반적인 주제에 대한 정보가 거의 없습니다.

예를 들어, 로마서 8장 28절을 보겠습니다. "우리가 알거니와 하나님을 사랑하는 자 곧 그의 뜻대로 부르심을 입은 자들에게는 모든 것이 합력하여 선을 이루느니라." 만약 어떤 사람이 이 구절을 로마서 8장과 로마서 전체와 무관하게 해석하려 한다면, "하나님이 선을 행하신다"는 것을 하나님은 좋은 직장이나 좋은 배우자 등과 같이 자신이 원하는 것을 다 주시는 것으로 잘못 생각하기 쉽습니다. 그러나 이 구절은 문맥상으로는 하나님의 선한 일은 우리가 성화되는 것, 즉 그의 아들의 형상을 본받는 것을 의미합니다(롬 8:29).

다른 예로는 빌립보서 4장 13절입니다. "내게 능력 주시는 자 안에서 내가 모든 것을 할 수 있느니라." 많은 사람들이 이 구절을 자신들의 성공을 성취하기 위한 승리의 약속으로 적용합니다. 그들은 자신의 영광을 얻기 위해 그들이 참여하는 스포츠 경기나 정치적 투쟁 중에 이 구절을 적용할 수 있습니다. 그러나 문맥에서 이 구절이 의미하는 바는 바울이 비천에 처할 줄도 알고 풍부에 처할 줄도 알아 모든 일, 곧 배부름과 배고픔과 풍부와 궁핍에도 처할 줄 아는 일체의 비결을 배웠다는 것입니다(빌 4:12). 바울은 그리스도의 도움으로 고난

---

11 Hans Finzel 2003:91.

의 시기에 불평하고자 하는 유혹과 풍부의 때에 교만할 수 있는 유혹을 극복하고 감사하고 기뻐할 수 있었습니다.

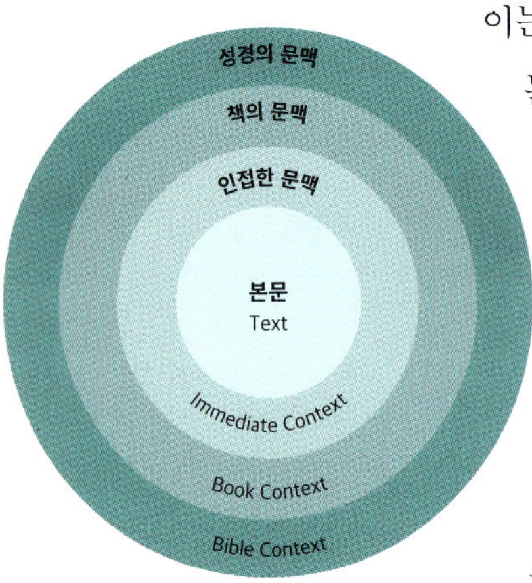

이는 하나님의 말씀을 문맥 속에서 이해하는 것이 매우 중요함을 말해줍니다. 더 넓은 본문을 다루는 것은 본문의 의미에 대한 더 많은 사실을 제공하여, 해석자로 하여금 본문의 진술을 이해하는 데 있어 더 분명한 시각을 제공합니다. 본문을 바르게 해석하려면 1. 인접한 문맥 2. 전체 책의 문맥 3. 성경의 문맥이라는 본문의 여러 동심원을 살펴보아야 합니다.[12]

대화, 언어, 문화의 맥락

우리가 단어나 문장의 의미를 올바로 해석하기 위해서는 대화의 문맥과 언어의 문맥과 문화의 맥락을 고려해야 합니다. 예를 들어, '구원'이라는 말은 각 본문의 문맥에서 다른 의미를 갖습니다. 그것은 적으로부터의 구원일 수도 있고(삼하 3:18; 시 44:7), 환난(렘 30:7), 질병(사 38:20), 유혹과 악한 자(마 6:13), 혹은 죄와 죽음(눅 1:77; 히 5:7)에서의 구원일 수도 있습니다. 우리는 문맥에서 그것의 정확한 의미를 발견해야 합니다.

우리는 저자가 무엇을 말하고, 왜 그것을 말하는지를 이해하려고

12 Klein, Blomberg, and Hubbard, Jr. "Circle of Context". 2004: 218-219.

할 때 몇 가지 장벽에 직면합니다. 그것은 언어의 장벽과 문화의 장벽입니다. 해석의 목적은 원저자가 의미하는 바를 이해하는데 있습니다. 구약은 원래 히브리어로 쓰였으며, 몇 부분은 아람어로 쓰였습니다. 신약은 헬라어로 쓰였습니다. 그러나 대부분의 사람들은 히브리어, 아람어, 헬라어를 알지 못합니다. 우리가 성경을 깊이 공부하기 위해서 이런 언어를 마스터할 필요까지는 없습니다. 성경은 영어, 독일어, 스페인어, 한국어, 일본어, 중국어, 러시아 등과 같이 현대어로 번역되어 왔습니다. 어떤 번역자들은 원문에 충실할 것을 강조합니다. 또 어떤 이들은 동시대 언어에 대한 정확성을 강조합니다. 여러 번역본들을 참조하여 포괄적으로 공부할 때 원문을 좀 더 완전하게 이해할 수 있을 것입니다.

영어 번역본을 예로 들면, KJV, ESV, NASB와 몇몇 번역본들은 원문에 충실하려고 노력을 기울입니다. 반면 NIV는 현대 언어로 읽기 쉽게 번역하는데 중점을 두고 있습니다. NLT(The New Living Translation), the Message나 the Amplified Bible과 같은 번역본들은 원문의 의미를 더 잘 이해할 수 있도록 더 많은 설명을 했습니다. Logos, Lumina, Blueletter와 같은 소프트웨어는 원어를 알지 못하는 사람들에게 원어를 공부할 수 있게 하고, 어떻게 원어가 영어로 번역되었는지 도움을 줍니다. 원문의 의미를 깊이 연구하고자 한다면, 히브리어나 아람어, 헬라어를 공부하지 않고도 이러한 도구를 이용하여 그렇게 할 수 있습니다.

문화의 장벽

버나드 램(Bernard Ramm)은 다음과 같이 말했습니다. "같은 문화, 같은 시기, 같은 지역에 있는 사람들은 손쉽게 서로를 이해할 수 있다 … 그러나 해석자가 문화적, 역사적, 지리적으로 저자와 동떨어져 있으면… 해석 작업은 더 이상 수월하지 않다. 문화적, 역사적, 지리적 차이점이 클수록 해석 작업은 더 어려워진다… 가장 분명한 차이점은 언어의 차이점이다… 또한 우리 시대와 성경 시대 사이에도 문화의 장벽이 있다."[13]

주후 1세기에, 바울은 여자들이 교회에서 머리를 가리는 것을 쓸 필요가 있다고 말했습니다. 여자들은 그것을 쓰지 않고서는 예배에 참석하지 않았습니다. 만약 오늘날의 여성이 이 구절을 읽는다면 이렇게 생각할 지 모릅니다. "예배 때 모자를 써야 할 것 같군." 그러나 그녀는 그렇게 하지 않아도 됩니다. Ramm은 계속해서 말합니다. "농사 짓는 방법은 다르다. 법적 시스템도 다르다. 군사 시스템도 다르다… 그리고 지리적으로도 다르다. 성경의 대부분의 구절을 이해하는 것은 역사를 이해하는 것에 달려 있다. 지리를 성경의 무대 장치라고 한다면, 역사는 성경의 구상이다."[14] 우리는 성경의 언어적 문화적 맥락을 깊이 있게 공부하는 학생이 되어야 합니다. 위에서 언급한 것처럼 다행히도 우리에게는 성경 해석에 도움을 주는 많은 도구들이 있습니다.

---

13 Bernard Ramm 1970:4-5.
14 Ibid., 6.

원칙 4: 성경이 성경을 해석하게 하라: 상호연관성

이것은 종교개혁의 첫 번째 신조였는데, 라틴어로는 Sacra Scriptura sui ipsius interpres ("성경이 성경의 해석자다")라고 합니다. 이것은 성경이 스스로 모순되지 않고, 그 가르침에 있어서 내적으로 일관성이 있다는 것을 의미합니다. 성경은 계시의 통일성이 있는데 집필할 때 초자연적인 영감이라는 내적인 증거가 있고, 성경의 주요 부분들의 보전과 정경화에 있어서 초자연적인 감독이 있었습니다. 성경은 성령 한 분의 신적 저자를 갖고 있으며, 그분의 메시지는 일관성이 있고 조화를 이룹니다.[15] 우리가 어떤 한 구절의 의미를 파악하고자 할 때, 단지 한 구절만을 본다거나 따로 한 절만을 보아서는 안 됩니다. 우리가 본문을 올바르게 이해하고 있는지를 확신하기 위해서는 성경의 다른 연관된 구절들과 비교를 하면서, 성경 전체 이야기를 통해 그 구절을 이해할 필요가 있습니다. 성경의 어떤 절도 따로 떨어져 있지 않습니다. 어떤 진리도 스스로 서지 않습니다. 반지의 다이아몬드에 한 세트가 있듯이, 성경의 모든 구절은 폭넓은 문맥을 가지고 있습니다. 성경의 한 부분을 성경의 다른 부분과 비교함으로써, 그리고 절을 다른 절들과 비교함으로써 우리는 그것이 무엇을 의미하는지 좀 더 깊고, 자세하게 이해할 수 있습니다.

예를 들어, 요한복음 15장 7절에서 예수님은 "…무엇이든지 원하는 대로 구하라 그리하면 이루리라"고 하셨습니다. 이것은 우리가 하나님께 무엇이든지 구하면 하나님께서 주신다는 것을 뜻하는 것일까

15 Hans Finzel 2003:56.

요? 그렇지 않습니다! 성경은 기도에 대한 가르침에 있어 이 한 문장보다 더 많은 것을 갖고 있습니다. 요한일서 5장 14절은 "…그의 뜻대로 무엇을 구하면 들으심이라"라고 하였고, 야고보 4장 3절은 "구하여도 받지 못함은 정욕으로 쓰려고 잘못 구하기 때문이라"고 하였습니다. 우리가 이 모든 절들을 고려할 때 요한복음 15장 7절을 좀 더 정확하게 이해할 수 있습니다.

성경의 한 구절을 다른 성경 구절과 대조하고자 할 때, 우리가 공부하는 구절과 성경 다른 곳에 나오는 관련 구절들을 비교하기 위해 성경의 가장자리에 있는 관주(cross-references)를 사용하는 것이 도움이 됩니다. 또한 용어 색인(concordance)을 이용하여 성경의 다른 곳에서 언급된 유사한 가르침이나 주제를 살펴볼 필요도 있습니다.

성경을 상호연관 시키는 것은 매우 유용한 방법입니다. 성경의 한 부분을 다른 부분과 꼼꼼히 비교할 때, 우리는 하나님의 말씀을 정확하게 분별할 수 있습니다. 하나님의 말씀을 다른 하나님의 말씀과 연관시키는 것은 우리로 하여금 바르고 좁은 길, 곧 올바른 생각과 의로운 삶의 길로 가도록 해 줍니다.[16]

원칙 5: 그리스도를 중심으로 성경을 해석하라

예수 그리스도는 성경의 중심 인물

성경은 하나님의 구속역사에 관한 이야기입니다(딤후 3:15). 예수 그리스도는 이 구속역사의 중심 인물입니다. 성경은 구약과 신약의

16 Charles Swindoll 2016: 143,151.

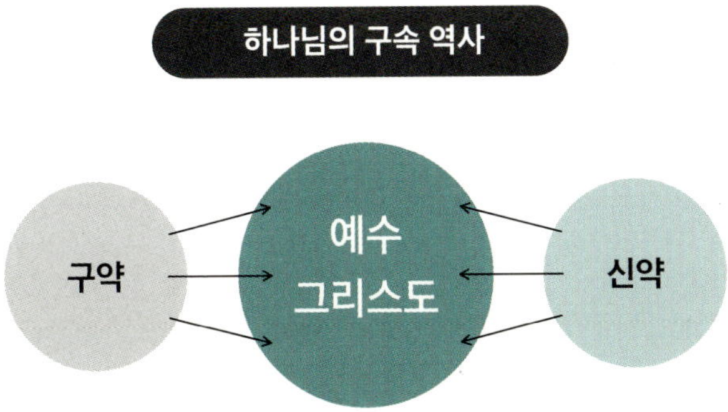

두 부분으로 나누어져 있습니다. 성경의 통일성은 그리스도론적이라는 것입니다. 구약은 그리스도가 하실 일이 무엇이고, 신약은 그리스도가 누구신가를 말해 줍니다. 그래서 우리는 성경에서 그리스도에 대한 완전한 그림을 갖게 됩니다.[17] 구약과 신약 사이를 잇는 것은 예언인데 (예언적이고 예표론적인), 이것은 다음 두가지 측면에서 이해해야 합니다: (1) 점진적인 계시 (2) 메시아에 관한 구절의 문자적이고 역사적인 주해(exegesis).[18]

예를 들어, 하나님은 아브라함에게 많은 약속을 주셨습니다. "내가 너로 큰 민족을 이루고... 네 이름을 창대하게 하리니," "...내가 이 땅을 네 자손에게 주리라..."(창 12:2-3,7). 그런데 이러한 약속들은, 바울이 갈라디아서에서 설명한 것처럼, "...또 네 씨로 말미암아 천하 만민이 복을 받으리니..."(창 12:3; 22:18)라는 하나의 말씀으로 모아집니다. 바울은 '씨'(offspring)란 단어가 복수가 아니라 단수이며 한 사람, 곧 그리스도를 가리킨다고 하였습니다(갈 3:16). 하나님께서 아브라함에게 이 약속을 주실 때 장차 오실 그리스도를 바라보고 계

17 Grant Osborne 1991:280.
18 Bernard Ramm 1970:50.

신 것입니다. 이는 모든 민족에게 주신 은혜의 복음에 대한 약속이었습니다.

세 가지 예표: 인물, 사건, 제도

구약에서 우리는 그리스도의 그림자를 볼 수 있고, 신약에서는 그 그림자를 몰아내는 본체를 만날 수 있습니다. 골로새서 2장 16-17절은 말합니다. "그러므로 먹고 마시는 것과 절기나 초하루나 안식일을 이유로 누구든지 너희를 비판하지 못하게 하라. 이것들은 장래 일의 그림자이나 몸(reality)은 그리스도의 것이니라."

예표(Types)는 하나님께서 당신의 백성에게 하나님의 은혜와 구원의 능력을 가르치기 위해 사용하시는 그림이나 물건입니다.[19] 예표는 인물(persons) (예를 들어, 아담, 멜기세덱, 요셉, 모세, 제사장 여호수아, 스룹바벨 등), 사건(events) (예를 들어, 출애굽, 만나와 물의 공급, 광야에서의 방황, 구리뱀 등), 그리고 제도(institutions) (예를 들어, 성막/성전, 희생 제사 제도, 언약과 율법, 절기, 희년, 안식일, 다윗 왕국 등) 를 말합니다.

예를 들어, 출애굽은 사단의 속박으로부터 죄인을 구속하는 예표입니다. 이스라엘 백성은 그리스도를 상징하는 유월절 양의 피로써 구원받았습니다(고전 5:7). 예수님은 요한복음 3장 14-15절에서 말씀하셨습니다. "모세가 광야에서 뱀을 든 것 같이 인자도 들려야 하리니 이는 그를 믿는 자마다 영생을 얻게 하려 하심이니라." 놋뱀은 우리 죄를 위해 들리신 예수님의 십자가를 예표합니다(민 21:8-9; 요

19 J. Edwin Hartill 1947:48.

3:14).

옛 언약과 새 언약

구약은 옛 언약을 내포하고 있으며, 새 언약을 세우기 위해 약속과 예언과 예표를 통해 그리스도의 오심을 예고합니다. 신약은 새 언약을 계시하며 그리스도께서 어떻게 이 모든 것들을 성취하셨는지 보여줍니다. 이렇게 그리스도는 옛 언약을 낡아지게 하였습니다(히 8:13). 그러므로 우리는 구약의 많은 요소들, 예를 들어 음식 규례라든지, 절기나 짐승 희생, 아론 계열 제사장을 이어가는 것, 성전 예배와 같은 것들을 지킬 필요가 없습니다.

히브리서는 구약과 신약이 어떻게 서로 연관성을 갖는지, 그리고 예수님께서 어떻게 우리의 영원한 대제사장이요, 참된 성막(성전)이요, 온전한 희생이 되심으로 구약을 성취하셨는지를 말해 주고 있습니다(히 7:24; 9:11; 10:14). 히브리서 10장 19-20절은 말합니다. "그러므로 형제들아, 우리가 예수의 피를 힘입어 성소에 들어갈 담력을 얻었나니 그 길은 우리를 위하여 휘장 가운데로 열어 놓으신 새로운 살 길이요 휘장은 곧 그의 육체니라."

희생제사 제도와 의식법은 쓸모없게 되었지만 십계명은 여전히 유효합니다. 십계명은 하나님의 거룩한 성품과 인격을 나타냅니다(롬 7:12). 십계명은 또한 죄를 드러내는 역할을 하여 죄를 죄로 인식하게 함으로, 우리로 하여금 회개하고 그리스도를 믿도록 인도해 줍니다(롬 7:13; 갈 3:21-24). 예수님은 "첫째는 이것이니 …네 마음을 다하고 목숨을 다하고 뜻을 다하고 힘을 다하여 주 너의 하나님을 사랑하라 하신 것이요, 둘째는 이것이니 네 이웃을 네 자신과 같이 사랑하라"

라고 말씀하심으로 모든 계명을 요약하셨습니다(막 12:29-31). 우리는 우리의 힘으로 하나님을 사랑할 수 없고, 이웃도 사랑할 수 없습니다. 그러나 우리가 믿음으로 예수님을 통해 하나님의 사랑을 영접할 때, 하나님의 사랑이 우리로 하여금 성령의 도우심으로 하나님과 이웃을 사랑할 수 있게 해 줍니다(롬 5:8; 요일 4:19).

모든 성경은 예수 그리스도를 가리킨다

그러므로 성경을 해석함에 있어 우리는 성경의 중심 인물이신 예수 그리스도에게 우리의 눈을 고정시켜야 합니다. "그리스도는 원 전체를 끌어당기는 원의 중심이 됩니다."[20] 만일 우리가 예수 그리스도에게 초점을 맞추지 않는다면, 핵심을 놓치는 위험에 빠지게 됩니다. 예수님은 바리새인들에게 말씀하셨습니다. "너희가 성경에서 영생을 얻는 줄 생각하고 성경을 연구하거니와 이 성경이 곧 내게 대하여 증언하는 것이니라. 그러나 너희가 영생을 얻기 위하여 내게 오기를 원하지 아니하는도다"(요 5:39-40). 죽은 자 가운데서 살아나신 후 부활

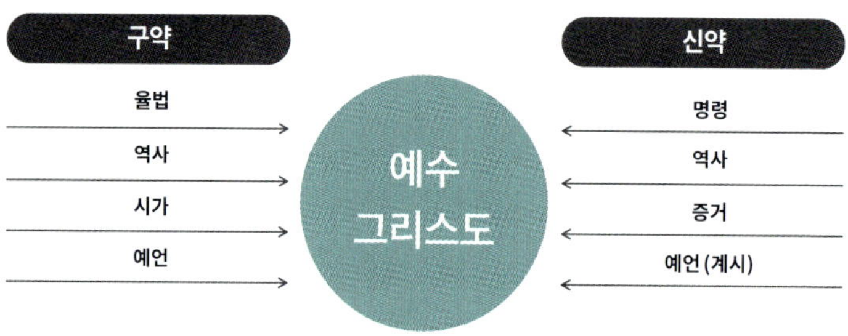

20 Robert Grant and David Tracy 1984:94; quoted by K. Fullerton, "Luther's Doctrine and Criticism of Scripture" (1906), p.8.

하신 예수님은 제자들에게 말씀하셨습니다. "내가 너희와 함께 있을 때에 너희에게 말한 바 곧 모세의 율법과 선지자의 글과 시편에 나를 가리켜 기록된 모든 것이 이루어져야 하리라 한 말이 이것이라"(눅 24:44). 히브리서 1장 1-2a절은 하나님의 구속역사를 개괄적으로 보여 줍니다. 옛적에 하나님께서 선지자들을 통해 여러 부분과 여러 모양으로 사람들에게 말씀하셨으나 이 모든 날 마지막에는 당신의 아들 예수 그리스도를 통해 말씀하셨습니다. 예수 그리스도는 하나님께서 우리에게 주신 최종적이고 완전한 계시입니다. 예수님은 성경의 절정이시고, 성경이 말하고자 하는 전부가 되십니다.

신약의 렌즈로 구약을 보라

그러므로 우리가 구약을 공부할 때는 그것이 신약에서 어떻게 언급하고 있는지 매우 유의해야 합니다. 달리 말하자면, 우리는 구약을 신약의 렌즈로 공부해야 합니다. 신약의 저자들은 종종 본문의 원저자들이 마음에 두고 있는 것보다 구약의 본문에 더 많은 중요성을 부여했습니다. 신약의 저자들은 신구약 각각의 관점과 그리스도의 관점에서 구약의 본문을 읽음으로 더 많은 중요성을 인식했습니다. (성경의 계시의 역사적 특징은 더 종합적인 하나님의 의도가 원래의 역사적이고 문자적인 맥락 속에서 본문의 의미와 연속성을 갖는다는 것을 암시해 줍니다). 더 많은 중요성을 둔다는 것은 본문의 원래의 의미를 확장한다는 것입니다. 그것은 모순이 된다거나 원래의 의미로부터 분리되어 존재한다는 것이 아니라 원래의 의미를 뛰어넘는다

는 것입니다.[21]

예를 들면 우리가 신명기를 공부할 때, 바울이 로마서 10장 6-9절에서 그리스도를 통해서 어떻게 신명기를 보고 있는가를 염두에 두어야 합니다. 만일 우리가 그리스도의 관점을 가지지 않고 신명기를 공부한다면, 우리는 복음 중심적인 그리스도인이 되기보다 율법적인 유대인이 될 수 있습니다. 이는 매우 부담스럽고 심지어 그리스도인의 믿음에 해가 됩니다. 그러나 그리스도의 관점에서 공부한다면, 우리는 그리스도께로 우리를 인도하는 율법의 기능을 이해할 수 있습니다.

위험 요소들

그러나 그리스도 중심적인 해석의 위험성도 있습니다. 우리는 이미 생각하고 있는 '그리스도 유형'에 맞추려고 성경의 모든 부분을 풍유화 하거나 영적으로 해석해서는 안 됩니다.[22] 예를 들어, 씨 뿌리는 자의 비유에서 예수님은 씨앗이 하나님의 말씀이라고 하셨습니다. 그러나 어떤 사람들은 그 씨앗을 그리스도라고 해석합니다. 또한 우리는 먼저 본문의 문맥을 이해하지 않고 그리스도 중심적인 해석으로 너무 빨리 적용해서는 안 됩니다. 우리는 그리스도 중심적인 해석을 하기 이전에 원 저자의 의도를 주의깊게 생각해야 합니다. 우리는 신약의 저자들이 구약에 대해 어떤 견해를 가졌는지 생각해 봐야 합니다.

21 David R. Bauer, Robert A. Traina 2011: 342.

22 Grant Osborne 1991:280.

5장

하나님의 말씀을 어떻게 내면화 할 것인가?

성경은 단지 지식을 제공하거나 우리의 호기심을 만족시키기 위해 기록된 것이 아닙니다. 성경은 우리가 하나님을 알고 죄와 사망으로부터 구원을 받으며, 그리스도의 형상을 본받아 성장하도록 돕고, 우리가 선한 일을 할 수 있도록 하기 위해 기록되었습니다. 우리가 성경을 아무리 잘 관찰하고 해석한다고 해도 하나님의 말씀을 실천하지 않으면 우리는 교만해지고 위선자가 됩니다.

성경은 단지 지식을 제공하거나 우리의 호기심을 만족시키기 위해 기록된 것이 아닙니다. 성경은 우리가 하나님을 알고 죄와 사망으로부터 구원을 받으며, 그리스도의 형상을 본받아 성장하도록 돕고, 우리가 선한 일을 할 수 있도록 하기 위해 기록되었습니다. 우리가 성경을 아무리 잘 관찰하고 해석한다고 해도 하나님의 말씀을 실천하지 않으면 우리는 교만해지고 위선자가 됩니다. 사실 적용이 없는 성경공부는 바리새인과 같이 우리를 하나님의 원수가 되게 하고, 다른 사람들에게 근심의 근원이 되게 합니다. 하나님의 말씀을 우리 삶에 적용하는 것이 얼마나 중요한가를 깨달을 때, 우리는 자연스럽게 어떻게 그렇게 할 수 있는지 궁금하게 여기게 됩니다. 우리는 성경공부의 목적과 적용의 과정과 그리고 하나님의 말씀을 어떻게 실천할 수 있는가를 알아야 합니다. 그때 우리는 하나님께서 맺으시는 열매를 볼 수 있습니다.

첫째, 성경공부의 목적: 예수님과의 만남

사람들은 다양한 이유로 성경을 공부합니다. 수업시간에서 성경 읽는 것이 필수적이기 때문에 학생들은 좋은 학점을 따기 위해 성경을 공부합니다. 그들은 성경을 고전 문학책으로 생각하고 접근합니다. 어떤 정치가들은 자신들의 견해를 지지하며 그들의 신뢰도를 높일 수 있는 적절한 인용문구를 발견하기 위해 성경을 읽습니다. 어떤 사업가들은 리더십과 경영 전략을 얻기 위해 성경을 공부합니다. 어떤 사람들은 기독교 신앙을 깎아내리기 위해 모순을 찾고자 비판적인 태도로 성경을 공부합니다. 이 모든 사람들의 공통점은 자신들의 목적을 위해 성경을 이용하려 한다는 것입니다. 그들은 성경의 감추어진 보화를 발견할 수 없습니다.

성경공부의 목적은 우리를 죄와 사망에서 구원하시고, 영생을 주시는 예수님을 만나고, 예수님을 믿는 믿음에서 자라나며, 선한 일을 하는 것이 되어야 합니다. 디모데후서 3장 15-17절은 이를 잘 설명해 줍니다. "또 어려서부터 성경을 알았나니 성경은 능히 너로 하여금 그리스도 예수 안에 있는 믿음으로 말미암아 구원에 이르는 지혜가 있게 하느니라. 모든 성경은 하나님의 감동으로 된 것으로 교훈과 책망과 바르게 함과 의로 교육하기에 유익하니, 이는 하나님의 사람으로 온전하게 하며 모든 선한 일을 행할 능력을 갖추게 하려 함이라." 성경공부를 통해 우리는 예수 그리스도를 만날 수 있고, 죄 사함을 받을 수 있고, 영생을 얻고, 하나님의 자녀가 될 수 있습니다(요 1:12; 5:39).

하나님은 그의 자녀들이 말씀을 실천함으로 예수님의 형상 안에서 자라기를 원하십니다. 하나님의 말씀은 우리에게 예수님이 누구시며, 우리가 누구며, 우리가 무엇을 해야 하며, 그리고 우리가 어디로 가고 있는지를 가르쳐 줍니다. 하나님의 말씀은 우리의 죄와 그릇된 태도를 책망하여 우리를 바르게 합니다. 하나님의 말씀은 우리를 의로 교육하여 예수님을 더욱 닮은 사람으로 자라게 합니다. 하나님의 말씀은 우리로 하여금 선한 일을 행할 능력을 온전히 갖추게 하여 하나님을 영화롭게 하고 다른 이들을 축복하게 해 줍니다.

둘째, 적용의 과정

하나님의 말씀을 우리 삶에서 실천하고자 할 때 적용하는 과정이 있습니다. 첫째로, 우리는 먼저 자신을 살펴보고 치유 받고 성장해야 한다는 것을 인식해야 합니다. 둘째로, 우리 삶의 양식과 가치관과 세계관을 통해 드러난 문제의 근본 원인을 발견해야 합니다. 셋째로, 우리는 복음 안에서 이런 문제에 대한 해답을 발견해야 합니다. 우리는 이 과정을 거치면서 성령의 도우심을 간구해야 합니다.

자신을 살펴보라

우리는 성경공부를 할 때 다른 사람들이 나아질 수 있는 모든 길을 찾기 위해 우리가 배운 진리를 다른 사람에게 적용하고자 하는 경향이 있습니다. 예를 들어, 에베소서 5장 22절, "아내들이여, 자기 남편에게 복종하기를 주께 하듯 하라"는 말씀을 공부할 때, 모든 남편들은 "아멘!"이라고 말하며, 이것을 즉시 자신의 아내에게 적용하기를 바랍니다. 또 에베소서 5장 25절, "남편들아, 아내 사랑하기를 그리스도께서 교회를 사랑하시고 그 교회를 위하여 자신을 주심 같이 하라"는 말씀을 공부할 때, 모든 여자들은 "아멘!" 하며 이를 자신의 남편에게 적용하고자 합니다. 그러나 우리는 성경의 진리를 먼저 우리 자신에게 적용해야 합니다. 바울은 말합니다. "너희는 믿음 안에 있는가 너희 자신을 시험(test)하고 너희 자신을 확증하라(examine)"(고후 13:5a). 우리는 하나님께서 우리를 보시는 것처럼 우리 자신을 살펴보아야 합니다.

하나님은 모든 사람의 모든 것을 아십니다. 그분은 단번에 동시에 모든 곳에 계신 분이십니다. 우리는 이것을 하나님의 전지하심과 무소부재하심이라고 부릅니다. 다윗은 이를 자신에게 적용하여 하나님께 고백했습니다. "여호와여 주께서 나를 살펴보셨으므로 나를 아시나이다. 주께서 내가 앉고 일어섬을 아시고, 멀리서도 나의 생각을 밝히 아시오며, 나의 모든 길과 내가 눕는 것을 살펴보셨으므로 나의 모든 행위를 익히 아시오니"(시 139:1-3). 하나님의 눈 앞에 어떤 것도 숨길 수 없습니다. 만물이 벌거벗은 것 같이 드러납니다(히 4:13). 특히 주님은 마음을 보십니다(삼상 16:7). 이것이 우리가 성경을 공부할 때 하나님 앞에서 우리 자신을 살펴보아야 할 이유입니다.

성경은 최고의 거울

우리는 성경을 살펴볼 때 각 본문을 거울로 생각할 필요가 있습니다. 거울은 우리의 참 모습을 보여주어 우리가 변화되어야 할 필요가 있음을 발견하게 해 줍니다. 만약 우리가 잘못된 점을 발견하고도 바꾸지 않는다면 거울을 볼 이유가 없습니다. 야고보서 1장 23-24절은 말합니다. "누구든지 말씀을 듣고 행하지 아니하면, 그는 거울로 자기의 생긴 얼굴을 보는 사람과 같아서 제 자신을 보고 가서 그 모습이 어떠했는지를 곧 잊어버리거니와." 사실, 하나님의 말씀은 거울 이상입니다. 왜냐하면 이는 삶을 변화시킬 수 있는 능력을 가졌기 때문입니다. 하나님의 말씀은 우리의 죄악된 습관을 정죄하여 회개로 이끌고, 성령을 통해 새로운 삶을 살 수 있게 해 줍니다. 하나님의 말씀은 진리를 드러낼 뿐 아니라, 성령께서 말씀으로 사람의 삶에 역사하실 때 진리를 활성화시킵니다. 만약 신실한 마음으로 말씀을 공부한다면 우리는 변화될 것입니다.

근본 원인을 찾으라: 세계관을 이해하라

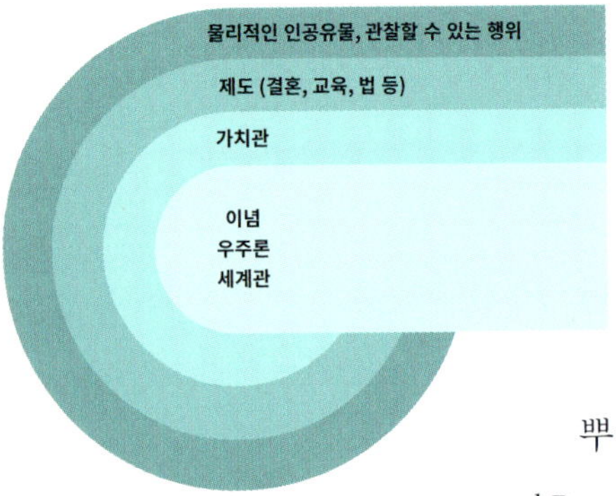

우리는 성경을 공부할 때, 성경의 진리를 나쁜 습관과 행위를 고치는데 적용하려는 경향이 있습니다. 그러나 흔히 이런 시도는 실패합니다. 그 이유는 행위의 문제는 존재 내면의 더 깊은 곳에 뿌리를 두고 있기 때문입니다. G. Linwood Barney의 "문화의 지층"이라는 도표가 있습니다.[1] 가장 깊은 지층은 우주와 세계에 대한 개념과 관점으로 구성되어 있습니다. 두 번째 지층은 첫 번째 지층에서 온 것으로서 가치관을 말합니다. 세 번째 지층은 첫 번째와 두 번째 지층에서 온 것으로 결혼과 교육과 법 등에 대한 관점을 포함합니다. 세 번째 지층은 네 번째 지층으로 이어지는데, 이는 물리적인 인공유물(physical artifacts)과 눈으로 볼 수 있는 행위를 나타냅니다. 세 번째 지층의 표면은 사람들이 쉽게 묘사하고 사용합니다. 그러나 지층 내면의 부분인 가치관과 세계관은 더 복잡하고 개념적입니다. 우리가 눈에 보이는 행위를 이해하고 그것을 근본적으로 변화시키기 위해서는 가치관과 세계관을 알아내야 합니다.

예를 들어, 미국의 현대의 교육제도는 학생들에게 대진화 이론(macro-evolutionary theory)이 과학적으로 심각한 오류가 있음에도

1 Taken from G. Linwood Barney, "The Supracultural and the Cultural: Implications for Frontier Missions," in The Gospel and Frontier Peoples, edited by R. Pierce Beaver (Pasadena, CA: William Carey Library, 1973), 48-55. Used with permission. .

불구하고 그것이 진리임을 믿도록 주입하고 있습니다. 실제 세계에서 과학과 우리의 경험은, 한 종(species)에서 다른 종으로의 진화는 불가능함을 말해 줍니다. (종 내에서는 진화가 가능합니다. 이를 소진화라고 합니다.) 그럼에도 불구하고 대진화 이론은 하나님의 존재를 부인하기 위해 진리로 가르치고 있습니다. 많은 순박한 학생들은 교사들이 그들에게 가르치는 것을 믿고 무신론적인 세계관을 형성합니다. 이는 회의적이고 상대적이고 도덕 관념이 없는 사람이 되게 하여 창조주 하나님을 부인하게 됩니다. 그들은 자기 자신을 보호하는 것 외에 아무런 삶의 의미와 목적도 없이 내버려지게 됩니다. 이것이 적자생존입니다. 이런 세계관은 그들 존재의 모든 면에 영향을 끼치게 됩니다. 이런 세계관은 하나님의 말씀으로 바꾸어져야 합니다. 그러면 생활양식과 행위는 자연스레 바뀌어지게 될 것입니다. 성경 중에서 창세기 공부는 우리의 세계관을 바로잡는데 도움을 줍니다.

근본 원인을 찾으라: 상처를 인식하라

우리가 인식해야 할 다른 근본 원인은 사람들이 안고 있는 상처들입니다. 예를 들어, 고통스러운 배반을 당하거나, 어린 나이에 부모로부터 버림을 받거나, 성적으로 학대를 당하거나, 학교나 교회에서 다른 사람들과의 좋지 않은 경험이 있다면, 우리 영혼은 깊은 상처를 받게 됩니다. 이러한 상처는 불신, 반항, 두려움과 염려, 슬픔과 쓴뿌리로 표현됩니다. 그 결과, 이

상처를 인식하시오

와 관련된 상황에 처하게 되면 자기도 모르게 상처의 증상이 나타나게 됩니다. 그때 우리는 건강하지 못한 방법으로 반응하게 됩니다. 하지만 우리는 자신의 상처와 그 상처가 우리 행동에 어떻게 영향을 끼치고 있는지 인지하지 못할 수도 있습니다. 행위에 집중하기 때문에 우리는 문제를 적절히 진단하지 못하고 이에 대한 해결책도 없는 것처럼 보입니다. 문제를 해결하기 위해서는 특히 영혼 깊이 곪아 있는 상처에서 나오는 근본 문제를 이해해야 합니다.

복음 안에서 해결책을 찾으라

우리가 문제의 근본 원인을 발견할 때 두 가지 방법으로 반응할 수 있습니다. 하나는 절망하고 문제를 해결하고자 시도하는 것을 포기하는 것입니다. 왜냐하면 이를 다루는 것이 너무 어렵기 때문입니다. 다른 반응은 우리 스스로 문제를 해결하려는 것입니다. 이것은 자기 의와 율법적인 자세를 갖도록 합니다. 이러한 반응들은 그 어떤 것도 진정한 해결책을 주지 못합니다. 이는 두 방법 모두가 문제를 우리 자신의 힘으로 해결하려는데 기초하고 있기 때문입니다. 사실, 이 두 방법은 우리가 스스로 자신을 변화시켜야 하고 또 변화시킬 수 있다는 자만심에 기초하고 있습니다. 그러나 오직 하나님만이 우리의 근본 문제를 해결하실 수 있습니다. 그러므로 우리는 자신이 아무것도 할 수 없고, 예수님의 도움이 필요하다는 것을 인정해야 합니다. 우리는 회개와 믿음으로 예수님께 나아가야 합니다. 이것이 예수님께서 우리에게 요구하시는 것입니다. 예수님의 메시지의 핵심은 "하나님의 나라가 가까이 왔으니 회개하고 복음을 믿으라"입니다(막 1:15).

셋째, 진정한 복음 중심의 적용

회개하고 믿으라는 메시지는 단순하지만, 그 의미는 매우 깊고 심오합니다. 많은 사람들이 회개를 자신의 나쁜 습관이나 행위의 목록을 만들어 더 잘하고자 결심하는 것으로 오해를 합니다. 이는 율법적인 접근입니다. 이는 본질적으로 자기 개선을 하려는 또 다른 노력입니다. 어떤 사람들은 이렇게 하여 성공하지만, 이것이 그 사람을 교만하게 하고 자기 의를 쌓도록 합니다. 그들은 자기 개선에 실패한 사람들을 판단하고 정죄하기 시작합니다. 사실 대부분의 사람들이 자기를 개선하는데 실패하고 자기 정죄에 빠지고 포기합니다. 그러면 그들의 상태는 점점 악화됩니다. 이런 율법적 접근은 자신에게도 문제가 되고, 다른 사람에게도 문제가 됩니다. 사실, 이것은 회개의 진정한 의미가 아닙니다.

우리의 접근 방법은 복음 중심적이어야 합니다. 이는 우리가 있는 모습 그대로 예수님께 나아가 겸손히 우리의 죄와 상처를 인정하고, 그분에게 죄 사함과 치유의 은혜를 구하며, 단순히 믿음으로 복음을 영접하는 것입니다. 그러면 성령께서 우리 마음에 역사하여 우리의 근본 문제를 해결해 주십니다.

복음을 믿는 것은 예수님과의 관계성이다

근본적인 문제 해결책은 항상 예수 그리스도의 복음 안에 있습니다. 그러나 복음은 적절하게 적용되어야 합니다. 많은 사람들이 하나님의 은혜를 남용하는 방식으로 복음을 적용합니다. 어떤 사람은 한번 회개했기 때문에 다시 회개할 필요가 없다고 주장합니다. 다른 사람은 자신들이 어떻게 살든 천국행 티켓을 갖고 있다고 주장합니다. 그들은 지속적이고 매일 해야 하는 영적 투쟁의 중요성을 무시합니다. 그러나 예수님은 말씀하십니다. "아무든지 나를 따라오려거든 자기를 부인하고 날마다 제 십자가를 지고 나를 따를 것이니라"(눅 9:23). 사도 바울은 이런 삶의 방식을 실천하면서 다음과 같이 말했습니다. "내가 그리스도와 함께 십자가에 못 박혔나니 그런즉 이제는 내가 사는 것이 아니요, 오직 내 안에 그리스도께서 사시는 것이라. 이제 내가 육체 가운데 사는 것은 나를 사랑하사 나를 위하여 자기 자신을 버리신 하나님의 아들을 믿는 믿음 안에서 사는 것이라"(갈 2:20). 사실, 복음을 믿는 것은 포도나무와 가지 또는 목자와 양과 같이 예수님과 관계성을 맺는 것입니다.

복음을 구체적으로 적용하라

우리가 예수님을 따를 때, 주님께서는 각 사람의 실제 삶의 문제를 다루는 구체적인 방법으로 복음을 적용할 수 있도록 도와 주십니다. 예를 들어, 어떤 사람이 악으로 인한 끔찍한 경험 때문에 상처를 갖고 있을 수 있습니다. 그들이 비록 복음을 영접했더라도 이 상처는 그들의 마음에 남아 있습니다. 그들은 예수님이 우리 대신 상처를 받으셨고, 주님의 상하심으로 우리가 나음을 입는다는 것을 믿어야 합니다(벧전 2:24). 또한 어떤 사람은 사망 권세에 찔려 절망하여 알콜 중독에 빠집니다. 이런 사람은 복음을 영접했을지라도 중독에서 벗어나기가 싶지 않아 이에서 벗어나고자 노력합니다. 그들은 그리스도께서 죽은 자 가운데서 부활하사 죽음 권세를 정복하셨고, 우리에게 영생과 하나님 나라에 대한 산 소망을 주셨음을 믿어야 합니다.

그러면 그 중독은 자연스럽게 해결될 것입니다.

어떤 사람은 죄의 세력으로 인해 무기력하게 되고 끊임없이 죄의식과 수치심에 시달립니다. 그들은 복음을 영접했지만, 죄의 속박과 자책감으로 인해 계속해서 투쟁합니다. 그들은 그리스도께서 우리 죄를 위해 단번에 죽으셨음을 믿어야 합니다(히 10:10). 어떤 사람들은 조상으로부터 물려받은 죄와 저주로 인해 고통할 것입니다. 그들은 예수님의 피가 조상이 물려준 헛된 행실에서 우리를 대속할 수 있음을 믿어야 합니다(벧전 1:18-19). 복음은 우리의 삶의 모든 근본적인 문제로부터 우리를 자유케 하는 능력을 가지고 있습니다. 우리가 복음을 진심으로 믿을 때, 성령께서 우리 안에 강력하게 역사하십니다. 그러면 우리의 행실과 관계성과 삶의 양식이 변화될 것입니다.

개인적 적용을 넘어서

복음은 개인의 삶에 적용되어야 합니다. 그러나 거기에 머물러서는 안 됩니다. 우리는 개인을 넘어 가족과 캠퍼스와 직장과 공동체와 국가와 세계로 나아가야 합니다. 복음은 관계성입니다. 복음을 영접할 때 우리는 용서를 실천하고 관계성을 회복할 수 있습니다. 과거 우리는 다른 사람을 용서할 수 없었습니다. 그러나 복음을 통해 우

리는 다른 사람을 용서할 수 있는 내적인 힘을 얻게 되었습니다. 과거 우리는 이기적이었고 다른 사람들과 하나님의 창조에 대해 무관심했습니다. 그러나 복음을 통해 우리는 다른 사람들의 목자요 하나님의 세계의 청지기로서 지위를 회복하게 되었습니다. 우리는 다른 사람들이 그리스도를 바라보고 그의 은혜를 영접할 수 있도록 감동을 주는 삶을 살 수 있습니다.

한 사람의 변화된 삶은 가족과 캠퍼스와 직장과 이웃, 국가와 전 세계의 변화에 불을 당길 수 있습니다. 진실로, 한 사람이 하나님의 말씀으로 변화될 때 세계가 변화되기 시작합니다.[2]

먼저 자신을 변화시켜라

때로 우리는 변화의 주체자가 되고자 하면서 다른 사람이 먼저 변화되기를 기대합니다. 그러나 우리 자신이 변화하지 않으면 아무 일도 일어나지 않습니다. 오히려 다른 사람에게 폐를 끼칠 수가 있습니다. 우리는 한 사람의 변화가 가족과 공동체와 국가를 변화시키는 데 무슨 영향을 끼칠 수 있을지 의아해할 수 있습니다. 그러나 하나님께서 한 사람의 변화를 통해 역사하실 때 어떤 일도 가능합니다. 우리는 복음이 어떤 사람도 변화시키고 또한 어떤 조직도 변화시킬 수 있는 능력을 가지고 있음을 믿어야 합니다.

2 Howard Hendricks and William Hendricks 2007:317.

6장

하나님의 말씀을 어떻게 실천할 것인가?

하나님의 말씀을 내면화하는 데에는 여러가지 방법이 있습니다. 그러나 하나님의 말씀을 사랑하는 것이 성경 공부하는데 가장 중요한 동기가 됩니다. 본 저서에서 성경 공부 방법을 저술한 목적은 단지 방법을 증진시키고자 하는 것이 아니라, 갓난 아기가 순전하고 신령한 젖을 사모하는 것처럼, 하나님의 말씀에 대한 사랑을 갖도록 영감을 불어넣어 주고자 하는 것입니다(벧전 2:2). 그러면 우리는 구원에서 성장할 수 있으며, 주님의 선하심을 맛보게 될 것입니다.

이제 하나님의 말씀을 삶에 적용하는 실제적인 단계가 무엇인지 궁금해 할 것입니다. 다음과 같이 몇 가지를 제안하고자 합니다.

성경 구절 암기하기

하나님의 말씀을 암기하는 것은 그것을 내면화 하는 가장 좋은 방법 중 하나입니다. 우리가 하나님의 말씀을 암기할 때, 그 말씀이 먼저 머리에 들어오고 또 점차적으로 마음에 깊이 들어와 내면의 생각과 태도를 변화시키게 됩니다. 하나님의 말씀은 하나님의 임재의 빛을 비추고, 우리 삶의 모든 부정적인 요소들을 몰아냅니다. 하나님의 말씀은 어두운 주위 환경 가운데서도 경건한 삶을 살게 하는 힘의 원천이 됩니다. 하나님의 말씀은 유혹과 악영향으로부터 우리를 보호해 줍니다. 우리가 어려움을 만날 때, 하나님의 말씀은 하나님의 변하지 않는 사랑과 전능하신 능력과 선하심을 생각나게 해주고, 어려움을 인내하고 극복하도록 도와줍니다. 하나님의 말씀은 위험으로부터 우리를 지켜주는 방패가 됩니다. 하나님의 말씀은 우리를 절망으로부터 구원하여 좌절을 격려로 바꾸고, 우리에게 희망과 비전을 줍니다.

특히 어린 아이들이 하나님의 말씀을 암송하는 것이 중요합니다. 어린 아이들의 마음은 아무것도 그리지 않은 백지와 같이 순수합니다. 그들의 마음에 무엇을 새기든지 그것은 평생 동안 남게 됩니다. 신명기 6장 7-9절은 우리가 어디에 있든지, 무엇을 하든지, 끊임없이 하나님의 말씀을 붙들고 씨름하도록 권면합니다.

성경구절 쓰기

암송뿐만 아니라 성경 구절을 쓰는 것은 말씀을 내면화 하는데 큰 도움이 됩니다. 예를 들어, 우리가 삶의 우선순위를 정하는데 어려움을 겪을 때, 마태복음 6장 33절 말씀이 우리의 행동을 인도할 진리가 되기까지 이를 반복해서 쓸 필요가 있습니다. 우리가 그리스도 안에 있는 형제 자매들을 사랑하는 것이 힘들 때, 요한복음 13장 34-35절을 반복해서 쓰는 것도 좋은 방법입니다. 우리가 하나님의 사랑을 의심할 때, 로마서 5장 8절과 8장 28-39절을 반복해서 쓰게 되면 여름 아침의 안개와 같이 우리 마음에서 모든 의심이 사라질 것입니다. 어떤 사람은 하나님을 향한 사랑과 순종의 표현으로 성경 전권을 필사하기도 합니다. 필사한 성경은 자손들에게 가보(家寶)가 될 것입니다.

하나님의 말씀을 주야로 묵상하기

시편 1편은 어떤 사람이 가장 복된 자인지 묘사하고 있습니다. 이는 하나님의 말씀을 즐거워하고 그 말씀을 주야로 묵상하는 자입니(시 1:2). 여기서 '묵상'이라는 단어가 중요합니다. '묵상하다'는 단어는 히브리어로 "הגה"(하가,hgh)입니다. 이것의 문자적인 의미는 "(비둘기가) 구구 울다, 으르렁거리다, 중얼거리다, 낮은 목소리로 읽다, 말하다, 선포하다"입니다. 이것이 암시하는 바는, "영적인 목적을 갖고 골똘하게 충분히 생각하라"는 것입니다. 이것은 암소가 되새김질하는 것과 비교됩니다.

Dr. Samuel G. Lee는 Brian M. Abshine의 말을 인용하여 묵상에 대해

이렇게 말했습니다.[1] "묵상은 성경을 반추하는 것이며, 성경을 충분히 생각하는 것이며, 본문의 의미를 밝혀내는 것이며, 매일 생각하는 것이다. 묵상은 우리의 삶의 모든 영역에서 그 함축성과 적용을 바라보면서, 성경의 개념을 생각하고 또 생각하는 과정이다. 그 아이디어를 생각하고, 숙고하고, 씹을수록, 우리 삶에 그것을 어떻게 적용해야 할 지를 더 알게 된다." 다시 말하지만 묵상은 깊은 바다 속으로 다이빙하는 것과 같습니다. 우리가 수면에만 머문다면, 그 아래 무엇이 있는지 볼 수 없을 것입니다. 그러나 발갈퀴를 달고 잠수하게 되면, 많은 아름다운 보화를 발견할 수 있게 될 것입니다.

성경을 공부할 때 우리는 그 의미를 이해하려고 애씁니다. 그러나 즉시 선명하게 이해되지는 않습니다. 만약 우리가 노력을 포기한다면 그것을 이해할 수 없을 것입니다. 우리는 그 의미를 발견하기까지 그것에 대해 질문하기를 멈추지 말아야 합니다. 예를 들어, "그리스도께서 우리 죄를 위해 죽으시고"(고전 15:3)라는 말씀을 읽을 때 이는 단순한 문장입니다. 그러나 우리가 정말로 그 말씀의 의미를 알기를 원한다면, 우리 마음에 다음과 같은 질문이 떠오르게 됩니다. "2000년 전에 피를 흘리며 돌아가신 예수님의 죽음이 나와 어떻게 관계가 있는가?", "어떻게 한 사람의 죽음이 모든 사람의 죄를 대속할 수 있는 것일까?", "예수님의 죽음이 나의 과거와 현재와 미래의 모든 죄를 깨끗하게 하는 충분한 효력을 지니고 있는 것일까?" 우리가 말씀을 마음에 간직할 때 이런 질문들이 계속 생겨나게 됩니다. 그러면 성경 공부를 계속해 나가면서 하나하나 답을 찾게 되고, 그 구절의

---

1 Samuel G. Lee 2008:29.

깊은 의미를 이해할 수 있게 됩니다. 이것이 사도 베드로가 다음과 같이 우리를 격려하는 이유입니다. "또 우리에게는 더 확실한 예언이 있어 어두운 데를 비추는 등불과 같으니 날이 새어 샛별이 너희 마음에 떠오르기까지 너희가 이것을 주의하는 것이 옳으니라"(벧후 1:19).

소감 쓰기와 나눔

우리가 하나님의 말씀을 충분히 묵상할 때, 배운 바를 글로 쓸 수 있습니다. 이런 투쟁은 우리로 하여금 받은 바 영감을 논리적이고 체계적으로 생각하게 해 줍니다. 이를 통해 우리는 그 의미를 더 분명하게 이해할 수 있습니다. 또한 이는 우리가 배운 바를 기억나게 하며, 우리 생각을 다른 이들과 함께 소통할 있도록 언어로 표현하도록 도와줍니다. 이런 과정은 우리를 성장하게 하고, 마음의 상처의 치유를 가져다줍니다. 또한 우리는 배운 바를 다른 사람들과 나눔으로써 다른 사람들에게 증거가 될 수 있습니다(행 1:8b; 11:20).

소감을 작은 그룹에서 나눌 때, 우리는 그 그룹이 역동적인 모임이 되도록 기도를 많이 해야 하고, 몇 가지 지침(guideline)을 세워야 합니다. 모임에 성령께서 임재하신다는 것을 인식하고, 소감 발표는 항상 하나님의 말씀과 진지하게 투쟁하는 것이 되도록 해야 합니다. 고백은 진지해야 합니다. 분위기는 상호 참여하는 것이어야 하고, 진솔하고 함께 성장하는 것이어야 합니다. 서로 간에 사랑과 이해가 더욱 깊어져야 합니다. 이를 위해 다른 사람들의 소감을 들을 때, 특히 다른 사람들의 숨은 죄의 고백을 들을 때, 우리는 비판적이 되어서는 안 되고 이에 대해 험담을 해서도 안 됩니다. 우리는 서로를 위해 진실되게 기도해야 하며, 서로를 격려하고 보호해 주어야 합니다. 또한 우리는 자신을 살펴보아야 합니다.

소감을 쓰고 서로 나누는 것에는 많은 유익이 있지만 피해야 할 점도 있습니다. 우리가 규칙적으로 실천해 나갈 때, 의무감으로 하거나 율법적인 태도를 갖기 쉽습니다. 계속해서 규칙적으로 이를 실천할 때, 자기 의에 빠지거나 그렇게 하지 못하는 다른 사람들에 대해 판단하는 마음을 가질 수 있습니다. 또한 소감을 쓰지 못하면 자책감에 빠질 수 있습니다. 우리가 이런 점을 피하기만 하면 소감 쓰기와 발표는 하나님의 말씀을 내면화하는 가장 좋은 방법임에 틀림없습니다.

말씀이 말하는 대로 행동하기

예수님은 가장 아름다운 산상수훈을 가르치신 후, 지혜로운 건축자 비유로 결론을 맺으셨습니다(마 7:24-27). 말씀을 듣고도 행하지 않는 자는 모래 위에 집을 짓는 어리석은 건축가와 같습니다. 삶의 폭풍이 몰아칠 때 그 집은 무너지고 맙니다. 반면에 말씀을 듣고 행하는 자는 땅을 깊이 파서 반석 위에 기초를 놓은 지혜로운 건축가와 같습니다. 폭풍이 몰아칠 때 그 집은 무너지지 않습니다. 예수님은 제자들의 발을 씻기신 후 말씀하셨습니다. "너희가 이것을 알고 행하면 복이 있으리라"(요 13:17).

말씀을 다른 사람에게 가르치기

"가르치는 것은 배우는 것이다"라는 말이 있습니다. 우리가 하나님의 말씀을 다른 사람에게 가르칠 때, 성령께서 가르치는 사람과 배우는 사람의 내면에 역사하시고, 또 그들을 통해서 역사하십니다. 성령께서 우리에게 서로 나눌 수 있는 새로운 통찰력을 주십니다. 그러나 가르침이 주입식으로 진행되어서는 안 되며, 우리가 배운 것을 나누는 시간이 되어야 합니다. 만일 우리가 하나님의 말씀을 심는다고 생각하고 주입식을 고집한다면, 그 성경공부는 성경을 공부하는 사람에게 억압적이 되고 지루하게 될 것입니다. 그렇게 될 때 피차간에 잘 성장할 수 없으며 그 관계성은 오래 가지 않을 것입니다. 반면 우리가 상호간에 하나님의 은혜를 나눌 때, 우리는 기쁨 가운데 성장할 뿐만 아니라 그리스도 안에서 역동적인 관계성을 누릴 수 있습니다. 그리고 마음에 있는 실제 문제들을 나눌 수 있는 참된 신뢰의 관계성을 쌓을 수 있습니다.

유연해져라

우리는 하나님의 말씀을 내면화하는 몇 가지 구체적인 방법에 대해 생각해 보았습니다. 그러나 우리는 하나님의 말씀은 살아있고, 활력이 있으며 영원하다는 것을 깨달아야 합니다. 우리는 하나님의 말씀의 역사를 어떤 방법에 가두어 둘 수 없습니다. 방법은 유연성을 가져야 합니다. 게다가 각 사람은 다릅니다. 어떤 사람에게 매우 효과적인 방법은 다른 이에게는 그렇지 않을 수 있습니다. 각 사람이 하나님의 말씀을 내면화 할 수 있도록 돕기 위해서는, 각 사람의 특성과 인격과 영적 성숙도와 학습 방법을 고려해야 합니다.

신령한 젖을 사모하라

우리가 뭔가를 의무감으로 할 때 그것은 부담감이 됩니다. 그러나 그것을 사랑할 때 기쁨으로 기꺼이 하고자 하게 됩니다. 이와 같이 하나님의 말씀을 사랑하는 것은 성경 공부하는데 가장 중요한 동기가 됩니다. 본 저서에서 성경 공부 방법을 저술한 목적은 단지 방법을 증진시키고자 하는 것이 아니라, 갓난 아기가 순전하고 신령한 젖을 사모하는 것처럼, 하나님의 말씀에 대한 사랑을 갖도록 영감을 불어넣어 주고자 하는 것입니다(벧전 2:2). 그러면 우리는 구원에서 성장할 수 있으며, 주님의 선하심을 맛보게 될 것입니다.

적용의 열매

우리가 하나님의 말씀을 진실한 회개와 복음을 믿는 참된 믿음으로 우리 삶에 적용할 때, 성령께서 우리 안에 그리고 우리를 통하여 역사하십니다. 성령께서는 우리를 예수님과 같은 모습으로 변화시켜 주십니다(롬 8:29). 우리는 사랑, 희락, 화평, 오래 참음, 자비, 양선, 충성, 온유, 절제와 같은 좋은 열매를 맺게 됩니다(갈 5:22-23). 우리는 물가에 심겨져 시절을 따라 열매를 맺는 나무와 같이 복된 사람들이 됩니다(시 1:2-3). 이런 변화는 기적과 다를 바 없습니다. 이기적인 사람이 희생적인 사람이 되고, 교만한 사람이 겸손한 사람이 되며, 게으른 사람이 열심히 일하는 사람이 되고, 비판적인 사람이 긍휼히 여기는 사람이 되며, 반발적인 사람이 순종적인 사람이 되고, 인색한 사람이 관대한 사람이 됩니다. 상처가 치유되고 건강하게 됩니다. 예수님의 형상을 닮아가며 성장하면서 진정한 기쁨을 누리고 삶의 의미를 찾게 됩니다. 하나님의 축복을 누리며 다른 사람들에게 복의 근원이 됩니다. 복음의 아름다움을 나타내며 선한 영향력을 끼치게 됩니다. 이것이 복음을 온 세계에 전파하는 가장 효과적인 방법입니다.

7장

성경 문학의 여섯 가지 범주에 대한 해석 지침

성경의 아름다움 중의 하나는 문학적 장르의 다양성입니다…하나님은 당신의 메시지를 우리에게 전달하기 위해, 많은 다양하고 독창적인 방법을 사용하셨습니다. 우리는 성경 문학의 다양한 형식을 여섯 가지 주요 범주로 나눌 수 있습니다: 이야기체, 지혜문학, 시가, 예언, 서신, 그리고 계시록입니다.

성경의 아름다움 중의 하나는 문학적 장르의 다양성입니다. 성경에는 많은 다른 종류의 문학 장르가 나오는데, 이는 매우 다른 배경과 다른 이유로, 40명의 다른 종류의 사람들에 의해 기록되었습니다. 각 종류의 문학을 해석하려면 독특한 접근법을 써야 합니다.

"성경 문학은 놀랍도록 다양한 형식과 양식으로 이루어져 있는 문헌집(anthology)이다. 성경에 나오는 문학 형식은, 기원에 관한 이야기, 영웅적 내러티브, 서사시, 패러디, 비극, 서정시, 축혼가, 찬사, 지혜문학, 잠언, 비유, 전원시, 풍자, 예언, 복음, 서신, 웅변 그리고 묵시가 포함된다."[1] 하나님은 당신의 메시지를 우리에게 전달하기 위해, 많은 다양하고 독창적인 방법을 사용하셨습니다. 우리는 성경 문학의 다양한 형식을 여섯 가지 주요 범주로 나눌 수 있습니다: 이야기체(narrative), 지혜문학, 시가, 예언, 서신, 그리고 계시록입니다.

이야기체 (Narrative)

구약: 창세기, 출애굽기, 레위기, 민수기, 신명기, 여호수아, 사사기, 룻기, 사무엘상 하, 열왕기상 하, 역대기상 하, 에스라, 느헤미야, 에스더, 다니엘, 요나, 학개

신약: 마태복음, 마가복음, 누가복음, 요한복음, 사도행전

성경의 반 이상이 이야기체입니다. 구약의 40 퍼센트 이상, 신약의

1 Leland Ryken 1974:15.

65 퍼센트 이상이 이야기체입니다. 이야기체란 무엇입니까? 이야기체는 어떤 시기의 역사와 관련된 자료를 이야기 방식으로 기록한 문서입니다. 다시 말해서, 하나님께서 특정한 시간에 어떻게 역사하셨는지를 말하고, 그 역사가 말하는 특징을 우리로 듣게 합니다. 예를 들어, 복음서들은 예수님의 성육신, 사역, 십자가, 부활, 승천에 대한 역사적인 기록을 말해 줍니다. 사도행전은 교회의 탄생과 확장을 다룹니다.

고든 피(Gordon Fee)와 더글라스 스튜어트(Douglas Stuart)가 쓴 "성경을 어떻게 읽을 것인가(How to Read the Bible for All Its Worth)"라는 책에서 어떤 것이 성경적 이야기체이며, 어떤 것이 아닌가를 다음과 같이 요약합니다.[2]

> 1. 구약의 이야기체는 구약시대에 살았던 사람들에 관한 단순한 이야기가 아니다. 그것은 무엇보다 먼저 하나님께서 그들 가운데 시작하시고 이루신 일에 관한 이야기다. 인간의 이야기체와는 대조적으로 성경은 특별히 신적 이야기체로 이루어져 있다… 등장인물, 사건, 전개, 구성, 이야기의 절정이 있다. 그러나 이 모든 것 배후에 하나님이 최고의 "주인공" 혹은 모든 이야기체에 있는 결정적인 주역이다.
> 2. 구약의 이야기체는 풍유나 숨은 의미가 가득찬 이야기가 아니다.
> 3. 구약의 이야기체는 항상 직접적으로 가르치지 않는다. 그것은 하나님의 본질과 계시를 특별한 방식으로 강조한다.
> 4. 이야기체에 나오는 각각의 이야기 또는 에피소드는 반드시 도덕적

2 Fee and Stuart 1981:75-77.

일 필요는 없다.

역사적 이야기체는 구약의 거의 절반을 차지합니다. 신약에 있는 역사서는 사도행전 뿐입니다. 역사적 이야기체를 주로 특징 짓는 것은 특정한 장소와 시간에 일어난 사건과 연관된 사람들의 이야기입니다. 그들은 실제 장소에서 실제 있었던 사람들이었으며, 그 사건도 실제 일어난 것이었습니다. 성령에 감동된 실제 인간 저자가 우리의 유익을 위해 이 말씀을 기록했습니다. 그것은 신화나 우화나 동화가 아닙니다. 물론 세속의 역사도 아닙니다. 그것은 하나님의 거룩한 말씀입니다. 그것은 사람들과 사건들이 하나님과 어떤 연관성을 가지고 있는가를 계시하고 있습니다. 다음은 이에 대한 지침서입니다:[3]

1. 사람과 사건을 관찰하는데 집중하라.

역사는 사람 혹은 등장인물과 그들이 행한 일에 관한 것이다. 우리는 이 사건들을 관찰하고, 그들이 어떻게 하나님과 관련되고 있는지를 알아내면서 삶의 원리를 파악해야 한다. 하나님께서 기뻐하시는가? 또는 싫어 하시는가? 사람들의 말과 행동에 하나님께서 어떻게 반응하시는가? 성경에서 하나님이 주인공이시다.

2. 시간을 주목하라.

시간에 대한 언급은 종종 이야기체를 이해하는 열쇠가 된다. 예를 들어, 열왕기와 역대기는 왕들의 통치에 관련된 사건들이 역사적 맥락의 형성과 연관되어 있다. 또한 역사서는 기록 당시에 사용한 매년제 혹은 민간력을 언급한다. 유대력의 달들과 종교축제를 배우는 것

---

3 Kay Arthur 2010:105.

은 우리로 하여금 이야기체에 대해 좀더 친숙하도록 도와줄 것이다.

3. 장소에 정통하라.

역사적 이야기체는 종종 이곳 저곳을 따라 움직인다. 만약 거리와 방향을 마음으로 그리고 있다면, 참조들에 대해 더 감을 잡을 수 있고, 당신이 그 이야기의 한 부분처럼 느끼게 될 것이다. 또한 지리, 지형, 기후를 설명하는 참조 작업은 이야기를 이해하는데 도움을 줄 것이다. 어떤 시기에서 오는 문화적 방식과 풍습을 설명하는 참조 작업 또한 우리의 문화와 시대에서는 낯선 어떤 것들의 중요성을 이해하는데 큰 도움이 될 것이다.

4. 하나님에 대해 계시된 것이 무엇인지 찾으라.

하나님의 성품, 속성, 본성에 대해 말하는 것을 찾으라. 그분의 방식, 즉 사람들과 어떻게 일하시고 소통하시는지 발견하라. 하나님은 무엇을 하시며, 왜 하시는가? 하나님이 사람들과 관계성을 맺으시는 기록에는 삶의 어떤 원리가 계시되어 있는가? 하는 것들을 찾으라.

지혜 문학

욥기, 잠언, 전도서

지혜는 "경험의 빛 아래서 진리를 어떤 사람의 삶에 적용하는 훈련"이라고 정의되어 왔습니다. 조언은 지혜자부터 옵니다. 히브리 문화에서 세 가지 유형의 지도자가 백성들의 행위에 영향을 끼쳤고, 하나님과 어떤 연관성을 맺을 수 있는지를 백성들에게 가르쳤습니다. 이는 선지자와 제사장과 지혜자입니다. 욥기, 잠언, 전도서는 이스라엘의 지혜자들의 격언 모음집입니다.

잠언은 "간결하고 대중적인 경구 (警句, epigram)나 격언(maxim)" 입니다. 그것은 모든 사람이 인정하는 일반적인 진리이며, "구르는 돌에는 이끼가 끼지 않는다"는 말처럼 간결하게 표현되었습니다. " 잠언은 비유적인 언어를 쓰는 경향이 있었고, 상세한 묘사보다는 암시적으로 표현했습니다.

지혜문학은 일반적인 진리를 가르치기 위해 잠언 외에 다양한 문학적 기교를 활용합니다. 그런 기교는 다음과 같습니다.[4]

평행법

일반적인 진리를 다른 방식으로 표현하기 위해 두 개의 진술을 나란히 사용한다. 평행법에는 대조 평행법과 동의 평행법의 두 종류가 있다. 대조 평행법은 두 번째 나오는 진술이 첫 번째 진술과 대조되거나 반대되는 것을 말한다. 예를 들어, 잠언 12장 1절, "훈계를 좋아하는 자는 지식을 좋아하거니와, 징계를 싫어하는 자는 짐승과 같으니라"와 같은 것이다.

동의 평행법은 두 번째 진술이 첫 번째 진술의 어감(語感)을 약간 다른 말로 반복하는 것이다. 예를 들어, 잠언 12장 14절이다. "사람은 입의 열매로 말미암아 복록에 족하며, 그 손이 행하는 대로 자기가 받느니라."

---

4 Morris A. Inch and C. Hassel Bullock, *The Literature and Meaning of Scripture* (Grand Rapids: Baker, 1981), p. 65.

비교

비슷한 것을 연상시키는 것이다. 예를 들면, 잠언 12장 9절이다. "비천히 여김을 받을지라도 종을 부리는 자는 스스로 높은 체하고도 음식이 핍절한 자보다 나으니라."

은유와 직유

비유적 언어를 사용하여 어떤 대상 혹은 생각을 다른 것과 비교하는 것이다. 예를 들어, 잠언 12장 4절이다. "어진 여인은 그 지아비의 면류관이나 욕을 끼치는 여인은 그 지아비의 뼈가 썩음 같게 하느니라."

인물 묘사

어떤 사람을 확대해서 묘사한 것을 말한다. 그 예로 잠언 31장 10-31절이 있는데, 이는 지혜롭고 성숙한 하나님의 여인에 대한 인물 묘사이다.

간략한 이야기체

사건이나 경험에 대한 짧은 서술을 말한다. 그 예로, 전도서에서 솔로몬이 삶의 의미에 대한 그의 연구를 몇가지로 짤막하게 서술한 것을 들 수 있다.

모리스(Morris)와 하셀(Hassel)의 설명

그들은 지혜문학을 이해하기 위해서는, 그것이 발생한 문화적 상황을 이해해야 한다고 말한다. 아마 두 가지 핵심적인 영역은 왕궁과 사제지간의 관계성이었을 것이다. 구약에서 분명히 알 수 있는 것은 점성술사와 예언자 뿐만 아니라 지혜자가 이집트와 바벨론의 궁정에서 번성했다는 것이다.

시가

시편, 아가서

1. 시편과 아가서의 비교[5]

시편과 솔로몬의 아가서는 둘다 시가서이지만 그들은 매우 다릅니다. 시편이 하나님을 경배하는데 마음을 드리고 있다면, 아가서는 서로를 향한 두 연인 간의 열정적인 감정을 표현한 것입니다. 시편에 있는 노래들은 인간의 매우 다양한상황을 말하고 있는 반면, 아가서는 좁혀서 한가지 중요한 주제에 초점을 맞추고 있습니다. 시편은 끊임없이 하나님을 그 중심에 놓고 하나님에 대한 언급이 풍부한 반면, 아가서에 나오는 연인은 서로에게만 눈을 고정하고 있습니다.

시편과 아가서는 나란히 인간의 존재를 위한 관계성의 중요성을 생생하게 상기시키고 있습니다. 시편은 하나님과 인간의 관계성의 중요성을 상세하게 강조하고 있는데 이는 인간의 관계성은 인간의 관점에서 볼때 흔히 유지되기 어려운 관계라는 것을 인식하고 있기 때문입니다. 격려의 방법으로, 인간의 사랑의 친밀함을 인간을 향한 하나님의 사랑의 열정과 같은 것으로 간접적으로 묘사하고 있습니다. 친밀한 연합을 위해 남자와 여자를 지으신 분은, 남녀가 한 몸이 되어 친밀하고 조화로운 관계 속에서 살기를 바라십니다. 이런 이유로 사도 바울은 남편들에게 자기 아내 사랑하기를 "그리스도께서 교회를 사랑하시고 그 교회를 위하여 자신을 주심 같이" 하라고 가

5 NIV Biblical Theology Study Bible, (Grand Rapids, MI: Zondervan, 2018), p. 808-9.

르쳤습니다(엡 5:25).

2. 시편[6]

시편은 수없이 다양한 감정을 표현한 150개의 시를 모은 것입니다. 여기에는 하나님을 향한 사랑과 경배, 죄에 대한 슬픔, 절망적인 상황에서 하나님을 의지함, 두려움과 신뢰의 싸움, 길이 어둡게 보일 때 조차도 하나님과 동행하는 것, 하나님의 돌보심에 대한 감사, 하나님의 말씀에 대한 헌신, 세상을 향한 하나님의 목적의 궁극적인 승리에 대한 확신 등이 포함됩니다.

시편의 히브리어 표지는 "찬양"인데, 이는 하나님께 대한 경배와 감사가 예배의 중요한 행위라는 본래의 생각을 반영한 것 같습니다.

시편은 근본적으로 예배 때 하나님의 백성들의 찬송가입니다. 이 노래의 내용은 시적 관용구로 표현되었는데, 독자들은 이미지와 은유, 직유와 의인화, 과장법, 돈호법 (apostrophe)과 같은 시의 주된 요소들을 해석할 준비가 되어 있어야 합니다. 이런 모든 요소들은 시편의 수사법에 기여하고 있습니다.

모든 시편은 절마다 평행구조를 이루고 있습니다.

시편은 그 형태에 따라 여러 범주로 나눌 수 있습니다. 기본적인 범주로는 애가, 찬양시, 감사의 찬송, 하나님의 율법을 기리는 찬송, 지혜의 시편, 확신의 노래, 왕의 시, 역사적 시편, 예언적 찬송입니다.

---

6 The ESV Study Bible (Wheaton IL: Crossway Bibles, 2008), p. 935-941.

예언

대선지서: 이사야, 예레미야, 예레미야 애가, 에스겔, 다니엘
소선지서: 호세아, 요엘, 아모스, 오바댜, 요나, 미가, 나훔, 하박국, 스바냐, 학개, 스가랴, 말라기

선지자는 "하나님을 직접적으로 대변하는 사람"입니다. 구약에서 하나님을 대변하는 사람들은 선지자들이었습니다. 선지자의 역할은 그의 백성들에게 하나님의 말씀을 전하는 것이었습니다. 구약에서 선지자들은 이스라엘 뿐만 아니라 다른 나라들에게 하나님의 말씀을 전하는 하나님의 메신저였습니다. 그래서 그들의 메시지는 그들의 말이 아니라 하나님의 말씀이었습니다. "여호와의 말씀이 내게 임하니라"(렘 1:4; 겔 6:1; 슥 4:8 등)라는 구절과 "여호와의 말씀에" 또는 "여호와께서 이와 같이 말씀하시되"와 같은 구절이 반복되어 나옵니다(출 4:22; 대상 21:10; 사 21:6; 렘 6:22; 7:1 등). 만일 선지자가 선지자의 직무를 자기 것이라고 주장하면 이는 거짓 선지자로 간주되었습니다(렘 14:14; 23:21). 선지서를 공부할 때 그들이 왜 말했고, 언제 말했으며, 무엇을 말했는지를 이해해야 합니다.

서신

로마서, 고린도 전후서, 갈라디아서, 에베소서, 빌립보서, 골로새서, 데살로니가 전후서, 디모데 전후서, 디도서, 빌레몬서, 히브리서, 야고보서,

베드로 전후서, 요한 일이삼서, 유다서

서신서는 1세기 그리스도인들에게 보낸 일상적인 편지로 쓰여진 것입니다. 서신서를 공부할 때 우리는 다음과 같은 형식에 관심을 기울여야 합니다: 저자의 이름, 수신자의 이름, 개인적인 인사말, 개인적인 기도, 소원이나 감사의 표현, 편지의 본문, 마지막 인사. 대부분의 서신들은 전체 회중들에게 단번에 큰 소리로 낭독하기 위한 의도로 쓰였습니다. 서신은 특별한 상황을 반영하는 '특별한' 문서입니다. 그것은 즉각적인 주의가 요구되는 구체적인 관심과 필요(일반적으로 교리적 오류와 실천적 행위)를 언급하고 있습니다. 그것은 성령께서 그들로 영감을 주어 쓰게 하신 독특한 편지였습니다. 하나님은 사도들에게 편지를 쓰도록 영감을 주셔서 1세기 신자들 뿐아니라 우리도 안내하도록 하셨습니다. 서신서는 그리스도인의 믿음과 실천을 위한 하나님의 디자인으로 가득 차 있습니다[7] 일반적인 지침은 다음과 같습니다: [8]

1. 문화적인 것이어서 1세기에만 해당되는 것과, 문화를 초월하여 세상 모든 사람들에게 적용될 수 있는 것을 구분하라. 예를 들어, 바울은 디모데에게 드로아에 둔 바울의 겉옷을 가져오도록 부탁한다(딤후 4:13). 그러나 상식적으로 볼 때 이러한 부탁은 오늘날 우리에게 적용되지 않는다. 또 다른 예를 든다면, 고린도전서 8장 10절에서

7 Hans Finzel 2003:110-111.

8 Ibid., 125.

바울은 우상에게 바쳐진 음식에 대한 문제를 언급한다. 우리는 1세기 신자들이 겪은 이러한 문제에 직면할 상황에 처할 가능성은 거의 없다.

2. 오늘날 본문을 해석하고자 할 때 본래의 청중에게 뜻하는 바와 상관없이 해서는 안 된다. (저자가 원래의 청중에게 의도한 것을 기초로 해석하고 적용해야 함을 말해 준다.) 이는 귀납적 성경공부의 첫 번째 단계가 왜 관찰이 되어야 하는지에 대한 이유이다.

3. 우리가 1세기에 살던 사람들과 비슷한 삶의 상황을 공유할 수 있는 경우에는, 하나님의 말씀은 원래의 청중에게나 우리에게나 동일하다.

계시록[9]

계시록은 주로 "묵시"라고 불리는데, 이는 "계시, 드러남, 벗김"의 의미인 "아포칼립시스(apocalypsis)"라는 헬라어 단어에서 유래된 것입니다. 이런 문학의 형태는 이야기체 안에 계시적인 비전이 담겨 있습니다. 묵시 문학의 언어는 상징적이고 은유적이고 신비적입니다. 이런 묵시 문학은 하나님의 백성들이 강대국에 의해 억압을 받았을 때 종종 사용되었습니다(예: 다니엘, 에스겔).

우리는 다음과 같은 사항을 유념해야 합니다:

9 UBF HQ Bible Study Committee, Selections from An introduction to Revelation: Genre, Interpretive Approaches, Millennial Views, Structure.

1. 묵시 문학의 이미지들은 종종 환상적입니다. 그러므로 우리는 그것들을 비유적으로 해석해야 합니다. 예를 들면 일곱 머리와 열개의 뿔과 일곱 왕관을 가진 붉은 용은 마귀의 권세에 대한 비유적 표현입니다(계12:3).

2. 저자 요한은 이미 대부분의 중요한 이미지에 대해 해석을 했습니다. 예를 들면, 일곱 촛대는 일곱 교회를(1:20), 큰 용은 사탄을(12:9), 음녀는 큰 성을(17:18) 가리키는 것으로 해석했습니다. 우리는 요한의 해석을 액면 그대로 받아들여야 하고, 이를 임의로 바꾸어서는 안 됩니다.

3. 이런 이미지들은 심판과 구원에 있어서 하나님의 궁극적인 목적들을 드러내기 위한 수단입니다. 그래서 우리는 너무 세세한 사항에 몰입하지 말아야 하고, 오히려 환상을 전체적으로 보아야 합니다.

4. 이런 이미지들은 구약에 뿌리를 두고 있습니다. 그래서 그 이미지들을 이해하기 위해서는 우리 생각이 아닌 구약성경을 참조해야 합니다.

해석적 접근

수 세기 동안 계시록은 다양한 방법으로 해석되어 왔습니다. 우리는 중요한 방법들을 다음과 같이 요약할 수 있습니다.

• **과거주의자** 'Preter'라는 단어는 '지나간 것'을 의미하는 라틴어에서 왔습니다. 이 견해에 의하면 우리 시대를 살고 있는 사람들은 계시록의 예언을 초기 기독교 교회에서 이미 성취된 것으로 간주합니다. 부분적 과거론적 해석주의는 그리스도의 재림과 최후 심판과 부활, 새 하늘 새 땅의 도래와 같은 일부 예언은 아직 성취되지 않았

다는 견해를 유지합니다. 이는 가능한 해석입니다.

• **미래주의자** 이 견해는 사람들에게 인기 있는 종말론적 문학을 강조합니다. 이 견해는 계시록이 대체로 예언이 아직 이루어지지 않았다고 주장합니다. 세대주의적 미래주의자들은 6-19장을 교회가 휴거한 후 일어나게 될 일로서 문자적으로 7년 환난의 예언으로 해석합니다. 환난이 끝나면 하나님은 이 땅에 이스라엘을 위한 천년왕국을 세우십니다. 역사적 미래주의자들은 교회가 최후의 환난을 거치면 천년 동안 그리스도의 지상의 통치에 참여한다고 가르칩니다. 일반적으로 미래주의자들은 지나치게 문자에 매여 장르의 중요성을 무시합니다.

• **역사주의자** 이 견해는 계시록을 초대 교회부터 예수님의 재림까지 인류 역사 전체에 대한 영감된 예언으로 봅니다. 이는 종종 서구 교회사에 초점을 맞추고 있습니다. 서로 다른 많은 역사주의자들의 견해가 있지만 그들 사이에 실제적으로 일치된 견해는 없습니다.

• **이상주의자** 이 견해에 의하면, 계시록 전체는 모든 그리스도인들과 관련된 이념과 원칙에 관한 것이라는 것입니다. 계시록의 환상에서 상징화된 세력들과 갈등들은 현재 교회 내에서 진행되고 있는 투쟁을 표현한 것입니다. 그것은 또한 미래의 점증되는 박해와 하나님의 심판을 예언한 것으로, 그 후에 예수 그리스도의 재림과 새 하늘과 새 땅이 도래하게 됩니다.

• **혼합된 견해** 위에서 언급한 견해는 각각 그 나름대로의 장점이 있지만 한계도 있습니다. 혼합된 견해는 각 견해의 장점들을 모으려고 노력했습니다. 예를 들면, 과거주의자들은 역사적 맥락을 중요하게 여깁니다. 미래주의자들은 일정 기간 동안의 극심한 환난이 지난

후 예수님의 재림이 이루어질 것을 강조합니다. 이상주의자들은 상징적 형태로 모든 세대에게 진리를 전하는 묵시적 그림 언어를 중시합니다. 이런 종류의 혼합된 견해는 추천할 만합니다. 계시록의 주요 상징들은 하나님의 백성의 고난과 하나님의 원수들에 대한 심판과 그리스도의 승리라는 패턴이 반복됩니다. 이는 초대 교회에서 현재에 이르기까지, 그리고 미래까지 누구에게나 관련이 있습니다.

천년왕국 견해

천년왕국은 계시록 20장 4-6절에 서술된 것과 같이, 지상에서 천 년 간의 예수님의 통치를 의미합니다. 이 단어는 '천'이라는 의미를 가진 라틴어의 mille라는 단어에서 유래되었습니다. 여기에는 세 가지 주요 견해가 있습니다: 전천년설(역사적 전천년설; 세대주의 전천년설), 후천년설, 무천년설입니다. 이 기본적인 입장을 정의하기 위해 사용된 용어는 그리스도의 재림이 천년왕국과 관련하여 일어날 때 표현됩니다.

• 전천년설 여기에는 역사적 전천년설과 세대주의 전천년설 두 가지 견해가 있습니다. 역사적 전천년주의자들은 천년왕국이 예수님이 재림하신 후에 시작된다고 믿습니다. 사탄은 결박되고 그리스도께서 이 땅에 평화와 번영의 시대를 여신다는 것입니다. 어떤 사람들은 문자적으로 천년이라고 생각하고, 또 어떤 사람들은 긴 기간을 나타내는 상징이라고 생각합니다. 믿는 자들은 천년왕국이 시작될 때 부활의 몸을 입을 것입니다. 믿지 않는 다른 모든 사람들에 대한 최후 심판은 천년왕국이 끝날 때 이루어집니다. 그후에 새 하늘과 새 땅이 도래하게 됩니다.

세대주의 전천년주의자들은 전세계적으로 일어날 7년 환란 바로 전에 예수님이 재림하셔서 휴거라는 방법으로 성도들을 하늘로 끌어 올리실 것이라고 믿습니다. 그 후에 예수님이 다시 오셔서 문자 그대로 유대인의 왕국을 천년 동안 통치하신다는 것입니다.

• 후천년설 : 후천년주의자들은 그리스도께서 천년 후에 재림하시고, 교회는 예수님의 재림 전에 크게 확장될 것을 믿습니다. 어떤 후천년주의자들은 천년을 문자적으로 받아들입니다. 다른 이들은 천년은 상징적이며, 그리스도께서 부활하심으로 시작되었다고 믿습니다.

• 무천년설 : 무천년주의자들은 천년왕국이 문자적으로 천년의 통치가 아니라 현재 그리스도 통치의 상징으로 이해합니다. 사탄은 이미 그리스도께서 십자가와 부활을 통해 승리하심으로 결박되었습니다(요 12:31; 골 2:15). 첫 부활은 새로운 탄생 때부터 시작됩니다. 일반적인 부활과 최후의 심판은 그리스도께서 오실 때 이루어지며, 그 후 새 하늘과 새 땅의 창조가 있게 됩니다.

종말에 관한 성경의 핵심적 가르침은 예수님의 재림과 몸의 부활과 영생입니다. 이것은 타협해서는 안 되는 생명과 믿음의 문제입니다. 대조적으로 천년왕국에 대한 견해는 본질적이거나 핵심적 가르침이 아닙니다. 그러므로 우리는 이 문제에 대해 너무 교리적이 되어 성도들 간에 관계성이 파괴되어서는 안 됩니다.

구조

계시록은 이해하기 쉽지 않기 때문에 내적 구조를 발견하고자 노력하는 것은 도움이 됩니다. 주의 깊게 관찰하면 몇 가지 사항은 분명합니다.

• 서두(1:1-8)와 본문(1:9-21:27)과 결말(22:6-21)이 있습니다.

• 주목할 만한 또 다른 세부 구분은 7이라는 숫자에 의해 특징지워진다는 것입니다. 그런데 어떤 부분은 명료하게 구분되어 있지만, 어떤 부분은 함축적으로 되어 있습니다. 일곱 교회(2-3장), 일곱 인(4-7장), 일곱 나팔(8-11장), 일곱 표적(12-14), 일곱 대접(15-16장), 바벨론 심판에 대한 일곱 메시지(17:1-19:10), 마지막에 있을 일곱 일들입니다(19:11-22:5). 일곱으로 나눈 세부구분은 반드시 사건의 시간적 순서에 따른 것이 아닙니다. 오히려 하나님의 백성의 고난과 악인에 대한 심판, 그리고 그리스도의 승리라는 패턴을 따르는 평행구조처럼 보입니다. 같은 진리를 다른 형태로 반복하는 반복의 원리가, 하나님의 목적을 성취하고 그리스도의 최후 승리에 대한 확실성을 강조하고 있다는 것을 이해하는데 도움이 됩니다.

• 네 개의 주요 환상을 중심으로 내용을 구분할 수도 있습니다. (1) 일곱 교회 가운데 계신 인자(1-3장) (2) 일곱 인으로 인친 두루마리, 일곱 나팔, 일곱 대접(4:1-19:10) (3) 그리스도의 재림과 이 세대의 완성(19:11-20:15) (4) 새 하늘과 새 땅(21-22장).

2부

귀납적 공부 사례: 룻기

룻기 소개

룻기 귀납적 공부 문제

룻기 귀납적 공부 노트

룻기 메시지

룻기 소개

제목 하나님의 인애와 속량

요절 룻기 2장 20절

“나오미가 자기 며느리에게 이르되 그가 여호와로부터 복 받기를 원하노라. 그가 살아 있는 자와 죽은 자에게 은혜 베풀기를 그치지 아니하도다 하고 나오미가 또 그에게 이르되 그 사람은 우리와 가까우니 우리 기업을 무를 자 중의 하나이니라 하니라.”

저자, 기록 시기 및 장소

룻기의 저자는 성경에 나오지 않습니다. 랍비 전통(Babylonian Talmud, Baba Bathra 14a-15b)에 따르면 사무엘이 저자라고 합니다. 그러나 사무엘은 다윗이 실제로 왕이 되기 전에 죽었기 때문에 그럴 가능성은 거의 없습니다(삼상 25:1).

다윗의 통치는 기록 당시에 이미 지나간 사실이었습니다(룻 4:17-22). 대부분의 보수적인 학자들은 기록 날짜를 이스라엘의 왕조 시대--다윗이나 솔로몬 시대--로 봅니다. 솔로몬은 족보에 언급되어 있지 않기 때문에(4:18-21), 이 책은 다윗 시대, 아마도 1010 B.C. 경에 기록되었을 것이라고 추론할 수 있습니다. 저자는 예루살렘에서 아마도 왕실에서 서기관으로 일했을 것입니다.[1]

1 NIV Study Bible: Introduction to Ruth 참조.

장르

룻기는 이야기체로 된 역사서입니다. 그것은 실제 사람, 장소, 사건과 하나님께서 자신을 어떻게 나타내시는지에 대해 말해줍니다. 우리는 하나님께서 말씀을 통해 자신을 나타내실 때 사람들이 어떻게 반응하는지 알 수 있습니다. 어떤 사람들은 믿음으로 응답하고 어떤 사람들은 그렇지 않습니다. 나오미와 룻은 믿음으로 응답했고, 그들은 하나님의 축복을 받고 쓰임받았습니다.

룻기는 역사적 관점에서 공부해야 합니다. 동시에 우리는 룻기를 하나님의 구속 역사 편에서 접근해야 합니다. 룻기를 공부할 때 하나님이 어떤 분이신가에 초점을 맞추어 공부하면, 우리는 그분에 대한 변하지 않는 진리를 발견하고 그것을 우리 시대에 적용할 수 있습니다. 룻기 공부의 주요 목적은 하나님이 누구인지 배우고, 하나님을 인격적으로 만나고, 실제 삶에서 그 분이 우리를 어떻게 인도하는지 배우는 것입니다.

역사적 상황과 기록 목적

이 책에 나오는 사건들은 사사 시대에 일어났습니다. 사사기에서 우리는 반복되는 패턴을 발견합니다. 그것은 이스라엘이 여호와를 섬기다가 죄와 우상 숭배에 빠지고, 다른 나라의 노예가 되고, 이로 인해 이스라엘이 여호와께 부르짖으면 하나님이 사사를 세우시고, 그를 통해 구원하신다는 것입니다. 그 당시 상황에 대해 성경은 이렇게 기술하였습니다. "그 때에는 이스라엘에 왕이 없었으므로 사람마다 자기 소견에 옳은 대로 행하였더라"(삿 17:6; 21:25; 참조18:1; 19:1). 그 시대는 어두운 시대로 하나님의 백성들이 하나님께 신실하지 못한 것이 특징이었습니다.

그럼에도 불구하고 룻기의 저자는 하나님께서 나오미, 룻, 보아스와 같은 소수의 신실한 사람들을 통해 일하고 계심을 드러내었습니다. 하나님은 그들을 기뻐하시고 축복하시고 인종, 국적, 성별, 사회적 지위에 상관없이 구속역사를 이루시기 위해 그들을 쓰셨습니다.

하나님은 자기 백성의 문제를 이스라엘에 왕이 없으므로 사람마다 자기 소견에 옳은 대로 행하고 있는 것으로 보셨습니다. 그 시대는 국가의 정체성도, 목적도 없는 혼란스러운 시대로 진리가 무시되고 거짓이 일상화되고 부정이 만연한 시대였습니다. 그 결과 사회적으로 불안하였고 강포하였으며 도덕적 타락이 극심했습니다. 국가는 총체적으로 멸망을 향해 치닫고 있는 것처럼 보였습니다.

그러나 하나님은 그들을 불쌍히 여기셨습니다. 이스라엘은 신실하지 않았지만 하나님은 신실하셨습니다. 하나님께서는 약속대로 보아스와 룻의 가계를 통해 다윗 왕을 보내실 준비를 하셨습니다. 다윗은 하나님의 마음으로 이스라엘을 다스려 백성이 하나님을 알고 사랑하고 순종하도록 도우며, 그들이 하나님의 백성으로서 신실하게 살도록 할 것입니다. 저자는 백성들이 주권자 하나님을 신뢰하도록 격려합니다. 이 하나님은 가장 어두운 시대에도 구속 역사의 목적을 이루시기 위해 역사의 무대의 배후에서 신실하게 일하고 계십니다.

주제

룻기의 주제는 하나님의 인애와 속량입니다. '인애'[2]라는 단어는 1장

2 한글 개역개정에는 "선대"(1:8), "은혜"(2:20), "인애"(3:10)로 번역됨.

8절, 2장 20절, 3장 10절에서 나오는데 이는 모두 히브리어의 '헤세드'(חֶסֶד hesed)에서 번역된 것입니다. 이 단어는 하나님의 성품을 가리키는 언약 용어로서 한결같은 사랑, 신실함, 충성, 헌신, 친절과 같은 의미를 나타냅니다. 요약하면, 이 단어는 의무를 초월한 헌신과 자비로운 인애(loving-kindness)를 나타내는 행위를 가리킵니다.

하나님의 인애는 여러 모양으로 나타났습니다. 나오미가 베들레헴으로 돌아오게 한 것, 룻이 나오미를 따르고자 결단한 것, 룻을 보아스의 밭으로 인도하신 것, 보아스의 영적 눈을 뜨게 하사 룻에게 일어난 하나님의 역사를 보게 하신 것, 나오미에게 지혜를 주셔서 룻이 보아스에게 청혼을 하도록 도전한 것, 보아스의 마음을 준비시키사 룻의 청혼을 받아들인 것, 결혼하여 아들을 축복으로 허락하신 것입니다.

보아스는 율법에 의해 엘리멜렉 가계를 속량할 수 있는 자격을 갖춘 기업 무를 자 중의 하나입니다. 한글 개역개정에는 '기업 무를 자', '무르다', '기업을 세우다'라는 단어가 23번 나옵니다(2:20; 3:9,12,13[4]; 4:1,3,4[5],5,6[4],7,8,10,14). 율법에 의하면 기업 무를 자는 가족 중에서 도움이 필요한 사람을 보호하고, 가계를 보전하는 일을 해야 합니다(레 25:25-28; 신 25:5-10).

엘리멜렉 가계는 엘리멜렉과 두 아들의 죽음으로 끝난 것처럼 보였습니다. 엘리멜렉의 아들 말론의 과부인 모압 여인 룻만이 가계를 이을 자로 남았습니다. 엘리멜렉의 가계를 잇기 위해서는 룻이 속량되어야 했습니다. 그러나 그녀는 유대인 공동체의 일원이 될 수 없었습니다. 왜냐하면 신명기 23장 3-6절에 의하면 모압 사람은 여호와의 총회에 들어올 수 없기 때문입니다. 더구나 그들의 사회적 지위는 가장 낮았습니다. 룻은 가난한 모압 과부인 반면 보아스는 부요한 지주요, 정통적인 유대인이요, 이스라엘에서 유력한 자였습니다. 그러므로 룻이 보아스에 의해 속량함을 받는 것은 불가능했습니다. 그러나 하나님의 자비로운 인애는 보아스와 룻이 결혼을 하도록 역사하셨습니다.

보아스는 룻의 속량자일 뿐만 아니라 우리를 속량하시는 메시아의 모형입니다. 하나님은 보아스와 룻의 결혼을 축복하사 룻이 아들을 잉태케 하셨습니다. 이 아들은 다윗왕의 할아버지가 되었고, 하나님께서는 다윗왕을 통해 메시아를 보내셨습니다. 진실로 하나님은 구속의 약속대로 역사하셨습니다. 하나님의 자비로운 인애는 다윗의 후손을 통해 예수 그리스도를 구속주(Redeemer)로 이 세상에 보내심으로 가장 잘 표현되었습니다(행 13:23; 갈 3:13-14).

특징

룻기는 이방 여인 룻의 이름을 따서 명명되었습니다

룻기는 에스더서와 함께 여성의 이름을 따서 명명된 성경의 두 책 중 하나입니다. 에스더와 룻은 둘 다 여성이지만, 그들 사이에는 뚜렷한 차이점이 있습니다. 에스더는 이방 왕의 왕비가 된 유대 여인이었습니다. 반면 룻은 이방여인으로 이스라엘 지도자의 아내였으며 다윗 왕의 증조할머니가 되었습니다. 고대 이스라엘 사회에서 여자는 지파나 국가에서 숫자를 셀 때 포함되지 않았습니다. 이방인들은 멸시를 받았습니다. 그러나 룻이 하나님을 믿었을 때, 하나님은 그녀를 구속 역사에 크게 쓰셨습니다.

주요 등장인물은 하나님을 믿는 두 가난한 과부입니다

나오미와 룻은 과부가 되었습니다. 그들은 모든 것을 잃은 것 같았습니다. 그들은 미래에 대한 희망이 없는 것 같았고, 사실 그들의 삶은 끝장 났습니다. 그러나 그들이 믿음으로 하나님의 은혜를 붙잡았을 때 하나님은 그들을 풍성하게 축복하셨습니다. 하나님께 중요한 것은 그들의 믿음이었습니다. 하나님을 믿는 사람은 인간 조건과 상관 없이 누구든지 하나님께 쓰임 받을 수 있습니다.

시어머니와 며느리의 관계

일반적으로 시어머니와 며느리의 관계의 특징은 긴장 관계입니다. 그러나 나오미와 룻의 관계는 달랐습니다. 그들의 관계는 참된 사랑과 헌신의 관계였습니다. 그들은 멘토와 멘티로서 신뢰 관계의 좋은 본이 됩니다.

중요한 대화

룻기의 많은 부분이 나오미와 두 며느리(1:8-18), 보아스와 룻(2:8-16, 3:9-15), 나오미와 룻(2:19-22; 3:1-5, 16-18), 보아스와 또 다른 기업을 무를 자(4:3-8)의 대화로 이루어져 있습니다. 룻기의 의미를 이해하려면 이 대화의 핵심을 파악해야 합니다.

보아스와 룻은 그리스도와 교회의 모형입니다

보아스는 '주는 사람'으로 묘사되어 있습니다. 보아스는 이방 과부에게 편애하지 않고 관대함, 겸손, 인내, 순결, 열린 마음이 있었습니다. 또한 보아스는 율법에 따라 기업 무를 자로서 룻을 도울 수 있는 위치에 있었습니다. 보아스는 인격과 지위에 있어서 그리스도의 모형이 됩니다.

반면에 룻은 '받는 사람'으로 묘사되어 있습니다. 룻은 받는 사람으로서 자신은 자격이 없다고 여겼고 그 어떤 것도 당연하게 여기지 않았습니다. 오히려 그녀는 감사하고 겸손했습니다. 그녀는 자신이 은혜를 받을 자격이 없다는 것을 잘 알고 있었습니다. 그러나 그녀는 그것을 하나님의 은혜로 받아들이고 계속해서 겸손하게 은혜를 간구했습니다. 그녀는 모든 믿는 자들에게 그리스도를 통해 어떻게 하나님의 축복을 받을 수 있는지를 배울 수 있는 좋은 본보기입니다.

기업을 무를 자

속량(기업을 무름)은 성경의 주요 주제 중 하나입니다. 기업을 무를 자의 개념은 룻기에서 독특하게 전개되었습니다. 신명기 25장 5-10절은 계대 결혼에 관한 율법을 다루고 있는데, 우리는 이를 기초로 한 기업을 무를 자의 의무를 통해 구속 역사가 어떻게 이루어지는지를 알 수 있습니다. 기업을 무를 자에 관한 제도는 하나님께서 열 두 지파들이 각각 그들의 계보와 기업을 지키고 보호하기 위한 하나님의 방법이었습니다. 보아스는 구속주 예수 그리스도의 모형입니다. 하나님은 유다 지파를 통해 메시아를 보내시겠다고 약속하셨습니다. 그러므로 이 약속이 실현되기 위해서는 이 제도가 유지되어야 했습니다.

농업적 배경

룻의 이야기는 보리와 밀 수확을 배경으로 하고 있습니다. 본문에는 '추수하다', '이삭을 줍다', '보리', '밀', '타작 마당'이라는 단어가 자주 사용되었습니다. 룻기는 이런 배경에 비추어서 이해해야 합니다.

하나님의 주권적 계획

본문에는 "여호와", "하나님", "전능자"라는 단어가 22번 반복되어 나옵니다(1:6,8,9,13, 16[2],17,20,21[3]; 2:4[2],12[2],20; 3:10,13; 4:11,12,13,14). 여호와께서 행동하신 것은 1장 6절과 4장 13절에 나옵니다. 그 밖의 경우에 여호와의 이름이 사용된 경우는 사람들이 말할 때 사용되었고, 주로 다른 사람을 축복할 때 언급되었습니다. 여호와는 주권적인 뜻에 따라 이 책의 사건들을 처음부터 끝까지 주관하셨습니다.

보아스와 룻의 사랑에 나타난 하나님의 사랑 이야기

룻기에서 우리는 보아스와 룻의 아름다운 사랑 이야기를 볼 수 있습니다. 그들의 사랑은 상황에 따라 변하는 단순한 인간의 사랑을 초월했습니다. 그들의 사랑은 하나님께로부터 왔습니다. 하나님의 사랑은 무조건적이고, 변함이 없으며, 실패함이 없고, 희생적입니다. 그래서 그들의 사랑은 진정성이 있었고 이러한 사랑은 항상 사람들의 마음을 감동시킵니다. 이런 이유 때문에 사람들에게 그들의 사랑 이야기가 가장 아름다운 이야기가 되고 모든 사람과 모든 세대에 걸쳐 적용될 수 있습니다.

공부 목적

1. 우리는 나오미와 룻에게서 자신을 내어주는 사랑을 실천하는 방법을 배울 수 있습니다. 두 사람은 자신보다 상대방을 더 걱정했습니다. 두 사람은 서로를 위해 희생하고 헌신했습니다. 두 사람의 사랑은 하나님의 헤세드 사랑에 의해서 나왔고 이를 반영하고 있습니다. 우리도 하나님의 사랑을 받으면 그들처럼 사랑할 수 있습니다.

2. 우리는 보아스와 룻에게서 하나님의 은혜에 참여하는 법을 배울 수 있습니다. 우리는 주는 자로서 거만한 태도를 취하면 안되고, 하나님의 은혜로 거저 받은 것을 나누는 자세를 가져야 합니다. 우리는 편견을 갖지 않고 관대하고 열린 마음을 가져야 합니다. 무엇보다 겸손해야 합니다. 받는 사람으로서 우리는 당연히 그럴 자격이 있다고 여기거나 요구하는 마음을 가져서는 안됩니다. 오히려 주는 자의 은혜를 깨닫고 감사하며 겸손해야 합니다.

3. 하나님의 변함없는 사랑을 배울 수 있습니다. 하나님은 어두운 시대에도 그를 믿는 소수의 사람들을 통해 역사하십니다. 하나님은 자기를 간절히 찾는 자들을 인도하시고 상 주시는 분이십니다. 하나님은 구속사역를 이루시기 위해 그들을 크게 사용하십니다. 하나님은 사람들의 삶과 역사를 주관하시는 주권자가 되십니다.

개요

I. 배경: 남편과 두 아들을 잃은 나오미(1:1-5)

II. 나오미가 룻과 함께 베들레헴으로 돌아가다(6-22)

- 나오미가 베들레헴으로 돌아가기로 결심하다(6-7)

- 나오미와 두 며느리의 대화(8-14)
- 룻이 나오미를 따르기로 결심하다(15-18)
- 나오미와 룻이 베들레헴에 돌아오다(19-22)

III. 룻을 만난 보아스(2:1-23)

- 룻이 보아스의 밭에서 이삭을 줍다(1-3)
- 보아스가 룻이 자기 밭에서 일하고 있는 것을 발견하다(4-7)
- 보아스와 룻의 대화(8-13)
- 보아스가 룻을 점심에 초대하다(14-16)
- 나오미와 룻의 대화(17-23)

IV. 룻이 나오미에게 순종하고 보아스에게 청혼하다(3:1-18)

- 나오미가 룻에게 보아스에게 청혼하라고 지시하다(1-6)
- 보아스가 룻과 그 가족의 기업을 무르겠다고 약속하다(7-13)
- 보아스가 룻을 보호하기 위해 새벽에 풍성한 곡식과 함께 보내다(14-15)
- 나오미가 룻에게 일어날 일을 기다리라고 조언하다(16-18)

V. 보아스가 기업 무를 자의 책임을 이행하다(4:1-17)

- 보아스와 룻의 결혼(1-12)
- 오벳의 탄생(13-17)

VI. 다윗의 족보(4:18-22)

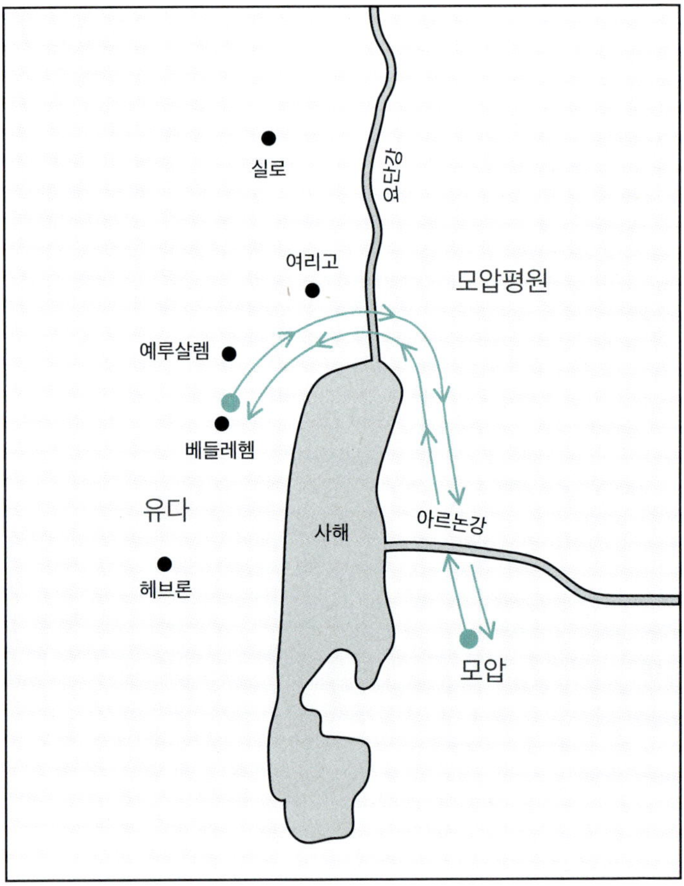

엘리멜렉의 가족과 나오미와 룻의 여행

룻기
귀납적 공부 문제

룻기 1:1-22

• 본문을 두번 읽어보시오. 장르를 말해 보시오.[1]

• 문단을 나눠 보고 각 문단에 제목을 붙여 보시오.

1. 누가 등장합니까? 사건이 언제, 어디에서 일어납니까?

2. 어떤 단어가 반복됩니까? 비교나 대조되는 부분을 찾을 수 있습니까? 중요한 연관성 있는 것들이 있습니까? 저자는 무엇을 강조합니까?

3. 나오미가 베들레헴으로 돌아가게 된 결단의 의미가 무엇일까요(6)?

4. 나오미는 며느리들에게 자신을 따르지 말고 그들의 고향으로 돌아가도록 어떻게 설득했습니까(7-15)?

5. 룻이 나오미를 따르는 중요한 이유가 무엇이라고 생각합니까(16-17)?

6. 1장에서 하나님에 관해 무엇을 배웁니까? 본문에서 당신은 요절을 어떻게 정하며, 제목을 어떻게 붙이겠습니까?

---

1 장르를 확인하는 것은 성경본문을 정확하게 이해하는 데 매우 중요합니다. 성경의 장르는 역사서, 율법서, 시가서, 복음서, 서신서, 예언서 등이 있습니다

룻기 2:1-23

• 본문을 두번 읽어보시오. 문단을 나눠 보고 각 문단에 제목을 붙여 보시오.

1. 누가 등장합니까? 어떤 사건이 일어나고 있으며 언제, 어디서 일어나고 있습니까?

2. 어떤 단어가 반복됩니까? 비교나 대조되는 부분을 찾을 수 있습니까? 중요한 연관성 있는 것들이 있습니까? 저자는 무엇을 강조합니까?

3. 주는 자로서 보아스와 받는 자로서 룻에 대해 무엇을 배웁니까? 보아스가 룻을 식사모임에 초대한 것은 어떤 의미가 있을까요(14)?

4. 하나님의 사람으로서 보아스에 대해 무엇을 배웁니까? 보아스는 어떤 점에서 그리스도의 모형입니까?

5. 보아스와 룻의 관계는 어떤 점에서 그리스도와 교회의 관계의 모형이 됩니까?

6. 본문에서 하나님에 대해, 보아스와 룻에 대해 무엇을 배울 수 있습니까? 당신은 요절이 무엇이라고 생각하며, 제목을 어떻게 붙이겠습니까?

룻기 3:1-18

• 본문을 두번 읽어보시오. 문단을 나눠 보고 각 문단에 제목을 붙여 보시오.

1. 누가 등장합니까? 어떤 사건이 일어나고 있습니까? 언제, 어디서 일어나고 있습니까

2. 어떤 단어가 반복됩니까? 비교나 대조되는 부분을 찾을 수 있습니까? 중요한 연관성 있는 것들이 있습니까? 저자는 무엇을 강조합니까?

3. 1-4절에서 나오미는 룻에게 왜 이상한 지시를 했을까요?

4. 룻은 왜 주저하지 않고 나오미에게 순종했을까요(6)?

5. 보아스는 왜 룻의 행동이 '처음보다 나중이 더한 인애'라고 했을까요(10)?

6. 본문에서 하나님에 대해 무엇을 배웁니까? 나오미와 보아스와 룻에 대해 무엇을 배웁니까? 당신은 요절이 무엇이라고 생각하며, 제목을 어떻게 붙이겠습니까?

룻기 4:1-22

• 본문을 두번 읽어보시오. 문단을 나눠 보고 각 문단에 제목을 붙여 보시오.

1. 누가 등장합니까? 언제, 어디서 사건이 일어났습니까? 어떤 사건이 일어나고 있습니까?

2. 어떤 단어가 반복됩니까? 중요한 연관성 있는 것들이 있습니까? 비교와 대조되는 것들은 무엇입니까? 저자는 무엇을 강조합니까?

3. 보아스는 룻을 어떻게 속량했으며, 이에 담긴 의미가 무엇입니까?

4. 하나님의 사람으로서 보아스에 대해 배울 바가 무엇이며, 그는 어떤 점에서 그리스도의 모형입니까?

5. 성읍에 있는 모든 사람들이 룻을 축복하는 것의 중요성이 무엇입니까?

6. 하나님께서 오벳을 통해 나오미와 보아스와 룻을 각각 어떻게 축복하셨습니까?

7. 본문에서 하나님에 대해 무엇을 배웁니까? 당신은 요절이 무엇이라고 생각하며, 제목을 어떻게 붙이겠습니까?

룻기
귀납적 공부 노트

룻기 1:1-22

1. 장르를 말해 보시오.

가. 장르를 확인하는 것은 우리가 어떻게 본문을 접근할 것인가를 안내해 줍니다. 룻기는 이야기체로 된 역사서입니다. 역사서는 율법서나 시가서, 묵시록, 예언서, 서신서와는 다릅니다. 이야기체로 된 역사서는 꾸며낸 이야기가 아닌 실제 역사를 다루고 있습니다. 그것은 실제 사람들과 장소, 사건과 하나님께서 자신을 나타내신 방법에 대해 말해 줍니다.

나. 우리는 하나님께서 말씀과 행위를 통해 자신을 나타내실 때 사람들이 어떻게 반응하는지를 볼 수 있습니다. 어떤 사람들은 믿음으로 응답하고, 또 어떤 사람들은 하나님께 반항합니다. 또한 우리는 하나님께서 사람들을 어떻게 다루시는가를 볼 수 있습니다. 믿음으로 응답한 사람들은 축복을 받고 하나님께 쓰임 받습니다. 하나님께 반항한 사람들은 그 결과로 고통받습니다. 우리가 하나님께 초점을 맞추어 공부하게 되면 우리는 그분에 대한 변하지 않는 진리를 발견하고 그것을 우리 시대에 적용할 수 있습니다.

다. 룻기는 역사적 내러티브로서 역사적 관점에서 공부할 수 있습니다. 그러나 룻기는 인간의 역사 그 이상으로서 하나님의 역사입니다. 룻기를 정말 이해하려면 하나님의 구속 역사의 관점에서 공부해야 합니다.

라. 우리가 먼저 추구해야 할 것은 하나님은 누구신가를 배우고, 하나님을 인격적으로 만나고, 하나님께서 실제 삶에서 우리를 어떻게 인도하시는가를 배우는 것입니다.

2. 문단을 나누어 보고 각 문단에 제목을 붙여 보시오.

가. 본문을 나누는 목적은 본문의 내용을 자세히 관찰하고 큰 그림을 보기 위함입니다.

나. 1장 문단 나누기

1) 1-5절. 이야기의 배경. 이 부분은 나오미와 두 며느리들이 모압에서 어떻게 과부가 되었는지를 설명함.

2) 6-7절. 나오미가 베들레헴으로 돌아가기로 결단함.

3) 8-15절. 베들레헴으로 돌아오는 길에서 나오미와 두 며느리 사이의 대화.

4) 16-18절. 룻이 나오미를 붙좇고자 결심함.

5) 19-22절. 나오미가 룻과 함께 베들레헴으로 돌아옴.

3. 관찰

가. 우리는 성경 본문을 관찰하기 시작할 때 바로 그것을 해석하려

고 합니다. 대개 관찰과 해석은 거의 동시에 일어납니다. 그러나 우리는 본문을 해석하기 전에 매우 조심스럽게 '사실'에 주목할 필요가 있습니다.

나. 관찰은 성경이 실제로 무엇을 말하는지를 찾는 것을 의미합니다. 많은 사람들이 성경 본문에 대해 이미 알고 있는 것만 말하고자 합니다. 그들은 전에 관찰했던 것보다 더 깊이, 더 자세히 계속해서 관찰하려 하지 않습니다.

관찰은 육신의 눈으로 보는 것 이상으로 예리한 정신적 자각이 요구됩니다. 우리는 마음을 낮추고 사실에 집중해야 합니다. 우리가 본문을 관찰할 때 두 가지 도구를 사용하면 도움이 됩니다.

1) 5W와 1H로 관찰하는 것입니다. 누가, 무엇을, 언제, 어디서, 왜, 어떻게.

2) 다섯 손가락 방법을 사용하여 관찰하는 것입니다. 강조, 반복, 연관성, 비교, 대조.

다. 5W 1H로 1장을 관찰하기

1) 누가 등장하는가?

① 주요 등장인물: 나오미, 룻

② 주변 인물: 엘리멜렉, 말론, 기룐 오르바, 온 성읍 특히 여인들

③ 주관자: 여호와(6): 모든 것을 주관하시는 분

2) 무슨 일이 일어났는가? 엘리멜렉의 가족들이 기근을 피하기 위해 모압으로 갔다. 엘리멜렉과 두 아들 말론과 기룐은 거기서 죽었다. 나오미가 베들레헴으로 돌아올 때 룻이 동행한다.

3) 언제 이 사건이 일어났는가?

① 역사적인 때:

• "사사들이 치리하던 때에 …"(1a). 사사 시대는 여호수아가 죽고 난 후 시작되었고(1375? B.C.) 마지막 사사인 사무엘 시대와 사울이 이스라엘의 첫 왕으로서 등극하기까지 계속되었다(1051? B.C.). 다윗의 족보를 통해 나오미가 모압으로 간 것과 룻이 보아스와 결혼한 것은 사사 시대 중간으로 짐작된다.

• 사사 시대의 반복되는 유형이 발견된다. 그것은 이스라엘이 여호와를 섬기다가 죄와 우상숭배에 빠지고, 이스라엘은 다른 나라의 종이 되고, 이스라엘이 여호와께 부르짖으면 하나님이 사사를 일으켜 구원하신다는 것이다.

• 그 시대의 특징은 사사기에 잘 서술되어 있다. "그때에는 이스라엘에 왕이 없었으므로 사람마다 자기 소견에 옳은 대로 행하였더라"(삿 17:6; 18:1; 19:1; 21:25).

• 룻기가 사사 시대에 기록되었다는 사실은 하나님께서 어두운 시대에 상관없이 신실한 자는 누구든지 쓰신다는 것을 말해 준다.

② 구체적인 시간

• "…그 땅에 흉년이 드니라…."(1b). 고대 시대에는 경제가 전적으로 농경에 달려있었다. 기근은 사람의 생존에 심각한 위협이었다.

• 엘리멜렉의 가족들은 약 10년간 모압에 거주하였다(4).

• 기근 중에 여호와께서 자기 백성을 돌보심으로 풍년의

때가 되었다(6).

• 나오미와 룻이 베들레헴에 돌아온 것은 보리 추수가 시작할 때였다(22). 이는 오늘날 달력에 의하면 대개 4월 말쯤 된다.

4) 어디에서 이 사건이 일어났는가?

① 역사적인 장소

• 베들레헴(1). '에브랏'(2)은 생산적인(fruitful)이라는 뜻인 '베들레헴'(떡집의 뜻)의 옛 이름을 말한다(창 35:19; 삼상 17:12; 미가 5:2).

• 모압(1). 모압 족속은 아버지와 근친상간으로 낳은 롯의 딸들의 후손들이다(창 19:30-38). "모압"은 "네 아버지가 누구냐?"라는 뜻이다.

이스라엘 백성이 출애굽 한 후 모압 왕 발락은 그들이 자기 땅을 지나가는 것을 허락지 않았다. 오히려 그는 발람을 통해 이스라엘을 저주하고자 했다(민 22-24장). 그러나 하나님은 그 저주를 축복으로 바꾸셨다. 그 후 모압 여인들이 이스라엘 남자들을 유혹하여 음행함으로 자기들의 신들에게 절하도록 하였다. 이로 인해 많은 이스라엘 남자들이 죽었다(민 25장).

모세의 율법에 의하면 모압 사람은 여호와의 총회에 들어오지 못하였다(신 23:3-6). 그들은 하나님의 언약의 일원이 될 수 없었고, 하나님의 백성 가운데 거할 수도 없었다.

사사 시대 초기에 모압 왕 에글론이 강성하여 18년간 이스라엘을 다스리며 학대했다(삿 3:12-14). 이스라엘 사람과 모압 사람 사이에는 뿌리 깊은 적대 감정이 있었다.

• 베들레헴(22). 본문은 베들레헴에서 시작해서 베들레헴으로 끝난다.

② 구체적인 장소

• 길에서(7). 성경에 보면 매우 중요한 대화가 길에서 일어났다. 예수님이 제자들에게 "내가 누구인가"라고 질문한 곳도 길에서였다(막 8:27).

5) 어떻게?

모압에서 베들레헴으로 가는 길에서 나오미가 두 며느리들과 대화를 하였다.

6) 5W1H를 통해 우리는 본문의 배경과 큰 그림을 어느 정도 파악할 수 있다. 이것은 기초적인 관찰이다. 이제 다섯 손가락을 이용하여 좀 더 자세한 관찰을 할 필요가 있다. 이를 통해 우리는 저자가 말하고자 하는 핵심 주제나 키워드를 발견할 수 있다.

라. 다섯 손가락 방법을 이용하여 1장을 관찰하기

노트 다섯 손가락 방법을 이용할 때 유의할 점은 다섯 손가락 각각에 대해 답을 찾을 필요가 없다는 것이다. 이 방법은 본문 말씀을 분석하도록 도와주는 도구에 불과하다. 예를 들면 어떤 성경 본문에는 반복이 나타나 있지 않다. 그런 경우에 우리 나름대로 상상하여 반복을 만들어서는 안 된다. 반복을 먼저 하고 강조를 나중에 하는 것이 좋다. 왜냐하면 모든 것을 관찰하고 나면 저자가 무엇을 강조하는가를 알 수 있기 때문이다.

1) 반복된 단어나 구절

① '돌아오다(가다)' (11회, 6,7,8,10,11,12,15[2],16,21,22)

② '여호와' (7회, 6,8,9,13,17,21[2]), '하나님' (2회(16[2]), '전능자' (2회; 20,21).

③ '남편' (7회, 3,5,9,11,12[2],13)

④ '함께' (6회, 6,7,10,11,18,22)

⑤ '백성' (5회, 6,10,15,16[2])

⑥ '며느리' (4회, 6.7,8,22)

⑦ 하나님의 고통스러운 연단에 관한 표현: "여호와의 손이 나를 치셨다"(13), "전능자가 나를 심히 괴롭게 하셨다"(20), "여호와께서 내게 비어 돌아오게 하셨다"(21a), "여호와께서 나를 징벌하셨다"(21b), "전능자가 나를 괴롭게 하셨다"(21c).

2) 비교

① 너희가 죽은 자들과 나를 선대한 것 같이(8)

3) 대조

① 세 남자가 죽고 세 여자가 남아 과부가 됨(3-5).

② 기근과 풍족(1,6). 기근은 하나님의 심판으로, 풍족은 하나님의 축복으로 여겨졌다.

③ 오르바는 나오미를 따르지 않았지만 룻은 나오미를 붙좇았다(14).

④ 모압의 신들과 이스라엘의 하나님(15,16).

⑤ 나오미와 마라(20).

⑥ 풍족과 빈 손(21).

4) 연관성

① 나오미와 룻—시어머니와 며느리

② 하나님과 그의 백성

③ 원인과 결과. 흉년의 때 엘리멜렉과 나오미는 모압으로 갔다. 그리고 나오미는 모든 것을 잃어버렸다. 그러나 나오미가 여호와께서 자기 백성을 돌보사 양식을 주셨다 함을 들었을 때 나오미는 돌아오기로 결심하였다.

5) 강조

① 저자가 8-18절까지 본문의 대부분의 분량을 나오미와 두 며느리와의 대화에 줌으로써 강조하고 있다.

② 저자는 나오미가 어떻게 베들레헴으로 돌아오게 되었는가? 특히 16-17절에서 룻이 어떻게 나오미를 따르고자 결단하게 되었는가를 강조하고 있다.

③ 중요한 키워드는 '돌아왔다'는 것이다. 나오미는 베들레헴으로 돌아가고자 결심하였고 오르바와 룻이 자기 고향으로 돌아가도록 설득하였다(6,19,22). 나오미를 따르고자 하는 룻의 결단(16-18).

마. 단어 연구

1) 접속사와 감탄사

① Now(3, NIV)

② Then(8,9b, NIV)

③ "여호와의 손이 나를 치셨다!"(13, NIV)

④ so(19,22, NIV)

2) 핵심 단어와 사상

① 돌아오다(가다)

4. 해석

가. 나오미가 베들레헴으로 돌아오고자 한 결단의 의미 (6,20,21).

1) 우리는 본문 관찰을 통해서 핵심 단어가 '돌아오다'라는 것을 발견했다. 나오미가 베들레헴으로 돌아오는 것의 의미가 무엇일까? 우리는 나오미가 한 말을 근거로 이를 이해할 수 있다. 그녀는 이렇게 말했다. "여호와의 손이 나를 치셨다"(13), "전능자가 나를 심히 괴롭게 하셨다"(20), "여호와께서 내게 비어 돌아오게 하셨다"(21a), "여호와께서 나를 징벌하셨다"(21b), "전능자가 나를 괴롭게 하셨다"(21c).

① 언뜻 보기에는 나오미가 불평하는 것처럼 들린다. 쓴 뿌리가 있는 사람은 누구에게나, 어디서든지, 어느 때에나 불평을 쏟아놓는다. 나오미는 며느리들과 베들레헴 사람들에게 자신의 불평을 쏟아놓는 것처럼 보인다.

이런 해석의 문제는 나오미가 하나님께 대해 쓴 뿌리를 가졌는데도 왜 유다 베들레헴과 하나님의 백성에게로 돌아가는가 하는 것이다. 또한 룻이 아무런 유익이 없는데도 왜 자신의 전 생애를 투자하여 나오미를 따르는가 하는 것이다. 우리는 나오미가 베들레헴으로 돌아온 데에는 경건한 동기가 있음을 인정해야 한다.

② 나오미가 빈손으로 돌아오기는 쉽지 않았을 것이다. 그녀는 남편과 두 아들을 모두 잃었고, 손주도 없었다. 삶이 완전히 실패했을 때 실패감을 안고 고향에 돌아가기를 원하는 사람은 아무도 없다. 이는 부끄럽고 수치스러운 일이다. 그녀는

틀림없이 험담의 대상이 되고 동네 사람들에게 손가락질을 받을 것이다.

③ 그러면 나오미가 돌아온 동기가 무엇인가? 그녀는 "여호와께서 자기 백성을 돌보시사 그들에게 양식을 주셨다" 하는 좋은 소식을 듣고 돌아왔다(6). 기근은 우상숭배에 대한 하나님의 심판이었다. 이제 하나님께서 긍휼을 베푸심으로 기근이 끝나고 축복과 풍족의 시대가 왔다.

나오미는 하나님께서 주권자가 되심을 깨달았다. 하나님께서 그의 백성을 연단하신 후 축복하고 계심을 알았다. 그녀는 예수님의 비유에 나오는 탕자와 같이 하나님 안에서 희망을 발견했다. 그녀는 하나님께서 그녀의 삶에 간섭하고 계심을 깊이 깨닫게 되었다. 그녀의 열매 없는 삶과 완전한 실패가 우연이 아니라 하나님의 연단임을 알게 되었다. 그녀는 하나님은 그를 대적하는 자를 괴롭게 하심을 깨닫게 되었다. 그녀가 돌아온 것은 하나님께 대한 항복이었다. 이는 그녀의 진실된 회개였다.

2) 나오미는 어떤 점에서 회개가 필요했는가?

① 먼저, 나오미는 기근의 때에 모압으로 이주하지 말아야 했다. 하나님은 기근을 통해서 그의 백성을 연단하고 계셨다. 그 당시는 사사 시대로서 우상 숭배가 성행하였다. 그들은 그 땅에 거하며 하나님의 연단을 받아야 했다.

② 하나님은 자기 백성이 약속의 땅을 떠나 모압과 같이 우상 숭배의 나라로 가는 것을 기뻐하지 않으셨다.

③ 나오미는 남편을 따라 모압으로 간 것 같다. 엘리멜렉은

가장으로서 이 결정에 대한 책임을 져야 했다. 그의 죽음은 하나님께서 그들이 모압으로 이주한 것을 기뻐하지 않는다는 싸인이었다. 남편이 죽었을 때 나오미는 가장이 되었고, 그녀는 곧 베들레헴으로 돌아왔어야 했다. 그러나 그녀는 모압에 머물기로 결정하였고, 두 아들을 위해 며느리들을 구했다.

④ 남편이 죽은 후 나오미는 두 아들, 말론과 기룐에게 희망을 두고 있었다. 두 아들은 모압 여인들과 결혼했다. 당시는 부모들이 자녀들의 결혼에 깊이 관련하고 있었다. 나오미는 틀림없이 그들의 결혼을 승락했을 것이다. 아니 자신이 두 아들에게 가장 좋은 베필을 골랐을 것이다.

⑤ 두 아들이 결혼한 후 그들은 모압 땅에서 10년을 살았다. 그러나 그들에게 자식이 없었다. 이는 베들레헴으로 돌아가기를 원하시는 하나님의 또 다른 싸인이었다. 그러나 그들은 돌아가지 않았다. 두 아들은 자식이 없이 모두 죽었다. 그 순간 나오미는 모든 것을 잃었다.

⑥ 이때 나오미는 자기에게서 모든 것을 앗아가신 분이 바로 하나님이심을 알게 되었다. 그녀는 심각한 위기에 직면하게 되었다. 이제 그녀는 하나님을 원망하고 쓴 뿌리를 가질 것인가, 아니면 자신의 잘못을 인정하고 회개함으로 하나님께 돌아갈 것인가 결단해야 했다. 그녀는 하나님께서 자기 백성을 돌아보사 그들에게 양식을 주셨다 함을 듣고 돌아가기로 결단했다. 이것은 그녀의 신실한 회개였다.

나. 모압으로 돌아가도록 오르바와 룻을 설득하는 나오미 (8-15).

노트 6-7절은 나오미가 베들레헴으로 돌아가고자 결단했을 때 두 며느리들은 그녀와 함께 가고자 준비했음을 말해 준다. 처음에 나오미는 며느리들이 베들레헴에 갔을 때 어떤 일이 일어날 것인가를 생각하지 않았다. 그러나 길을 가다가 나오미는 이를 생각하기 시작했고, 그들의 삶이 매우 힘들 것이라는 것을 깨닫게 되었다. 그들은 율법에 기초한 이스라엘의 문화에 익숙하지 않았다. 그들이 결혼할 가능성은 전혀 없었다. 그래서 나오미는 그들이 자기와 함께 베들레헴으로 돌아가지 않도록 설득해야 함을 깨닫게 되었다. 나오미는 세 차례에 걸쳐 그들을 설득했다.

1) 첫 번째 설득(8-9). 나오미는 그들을 보내면서 두 가지로 축복했다.

① 첫 번째 축복: "너희가 죽은 자들과 나를 선대한 것 같이 여호와께서 너희를 선대하시기를 원하며" '선대'는 히브리어의 '헤세드'(חֶסֶד hesed)라는 단어를 번역한 것이다. 이 단어는 언약 용어로서 하나님의 성품인 한결같은 사랑, 신실함, 충성, 헌신, 친절을 총칭한 것이다. 요약하면 이 단어는 의무를 초월한 헌신과 자애로운 인애를 나타내는 행위를 가리킨다.

그들이 죽은 자들과 나오미를 선대한 것과 같이 여호와께서 그들을 축복하시고 그들과 함께 하시기를 원한다는 것이다. 다시 말하면, 하나님께서 그들이 비록 모압에 산다 할지라도 그들을 보호해 주시고 그들이 믿음으로 살 수 있도록 도와주시기를 원한다는 것이다. 이 첫 번째 축복은 영적인 축복이다.

② 두 번째 축복: "여호와께서 너희에게 허락하사 각기 남편의 집에서 위로를 받게 하시기를 원하노라"(9). 이 축복은 나오미

가 그들을 진정으로 사랑한다는 것을 말해 준다. 나오미가 그들을 모압으로 돌려보내는 것은 쉬운 일이 아니었다. 이는 나오미가 홀로되는 것을 의미했다. 그런 절망적인 상황에서 누군가가 그녀와 함께 있다면 이는 매우 큰 위로가 될 것이다. 두 며느리들은 기꺼이 그녀를 좇고자 하고 있었다. 그들을 보낼 하등의 이유가 없는 것 같다. 그러나 나오미는 근본적으로 자신에 대한 관심보다도 두 며느리들의 행복에 대해 진정으로 관심을 가졌다.

③ 오르바와 룻의 첫 번째 반응(9b-10). 그들은 소리를 높여 울었다. 그들은 나오미의 참된 사랑에 감동을 받았다. 이스라엘로 가는 것이 쉽지 않지만 그들은 기꺼이 나오미와 그의 백성을 따라가고자 했다.

2) 나오미의 두 번째 설득(11-14). 나오미는 두 며느리들이 기꺼이 자신을 좇고자 하는 것을 알았을 때 그들을 영접하고 이렇게 말하기 쉬웠을 것이다. "그래, 알았다. 함께 가자. 함께 살길을 찾아보자." 그러나 나오미는 그들이 모압으로 돌아가도록 설득하고자 결심을 했다. 그녀의 두 번째 설득은 첫 번째보다 더 설득력이 있었다. 그녀는 그들이 모압으로 돌아가야 할 몇 가지 이유를 제시했다.

① 첫째로, 그들은 이스라엘 땅에서 재혼을 할 수 없다. 율법이 금지하였기 때문에 어떤 이스라엘 사람도 자기 아들들이 모압 여인들과 결혼하는 것을 허락하지 않을 것이다(신 23:3-6). 오직 나오미만이 그들이 결혼하도록 자식을 내어줄 수 있다. 그러나 나오미는 결혼을 하기에는 너무 늙었다(11-12a).

설령 나오미가 당장에 결혼하여 아들을 가졌다 할지라도 그들이 장성하여 결혼을 하기까지에는 너무 오래 기다려야 한다(12b-13a). 그래서 두 며느리들은 결혼할 희망을 가질 수 없다.

그들이 과부가 된 슬픔을 함께 나눌 수 있지만 나오미는 그들로 인해 더욱 마음이 아팠다. 왜냐하면 여호와의 손이 그녀를 치셨기 때문이다. 나오미는 자신의 죄 때문에 하나님의 훈련을 받고 있는데 그들도 자신과 같이 훈련받고 고생하기를 원치 않았다.

(노트 11-13절은 구약의 율법에 근거를 두고 있다(신 25:5-10). 이것은 3-4장에서 '기업을 무를 자(guardian-redeemer)'에 관한 소개와 함께 자세히 살펴볼 것이다).

② 오르바와 룻의 두 번째 반응(14). 그들은 나오미의 진정한 사랑에 다시 한번 감동을 받고 다시 소리를 높여 울었다. 이때 오르바는 설득이 되고 나오미에게 입 맞추며 떠났다. 그러나 룻은 나오미를 붙좇았다. (나오미에게는 절반의 성공이다.)

3) 나오미의 세 번째 설득(15). 나오미는 룻을 세 번째로 설득한다. 예를 가지고 설득하면 설득력이 있다. 나오미는 같은 또래로부터 받는 압박과 문화적 차이를 기초로 룻을 설득했다. 나오미는 참으로 끈질겼다. 왜 끈질기게 설득하는 것일까? 이는 룻이 이스라엘에서 산다는 것이 얼마나 힘든가를 알기 때문이었다. 외국에서 사는 데에는 많은 어려움이 따른다. 이스라엘과 모압의 관계는 적대적이었다. 모압 과부에게는 더 적대적이었다. 룻은 여전히 젊고 아름다운 여성이기 때문에 모압에서 다른 남편을 만나 행복한 가정을 꾸릴 수가 있다. 나오미는 정말 훌륭한 시어머니

이다. 그녀는 며느리들의 상황을 잘 이해했고, 자신보다 그들의 미래의 삶을 더 염려했다. 나오미와 며느리와의 관계는 이러한 사랑으로 맺어진 것이 특징적이며, 이 사랑 때문에 며느리들이 나오미를 좇고자 했다.

다. 나오미를 좇고자 한 룻의 결단(16-17).

1) 나오미는 끈질겼지만 룻도 끈질겼다. 룻은 나오미를 좇고자 결심했고 고향으로 되돌아가라는 설득에 넘어가지 않았다. 이는 큰 결단이었다. 큰 결단을 할 때는 가치 판단이 따르게 된다. 보통 사람들은 자기에게 가장 유익이 될 때 결단한다. 아무 유익이 없는데 대가를 치루고자 하지 않는다. 그러나 룻의 경우는 나오미를 따르는데 전혀 아무런 유익이 없었다. 오히려 룻은 나오미의 행복만을 위해 자신의 전 삶과 미래를 투자해야 했다. 이는 인간적으로 볼 때 매우 어리석은 일이다. 아니 미친 짓이다.

그러나 룻에게는 분명한 이유가 있었다. 그것은 단지 동정이 아니었다. 그녀의 결단의 뿌리를 보면 나오미의 백성과 나오미의 하나님과 함께 하고자 하는 결단이 있었다. 그녀는 참 하나님, 이스라엘의 하나님을 좇고자 하는 동기가 있었다. 룻의 대답은 '평행대구'라고 하는 히브리 시의 형태를 취한다.

① 서두에서 룻은 모압으로 돌아가는 것을 단호하게 거절한다. 나오미가 자신의 장래보다 룻의 장래를 더 생각한 것 같이, 룻도 자신보다 나오미의 안녕을 더 생각했다.

② 첫째 연에서 룻은 한 인간으로서 자신과 나오미의 인생을 생명으로 결탁시켜 나오미에게 헌신하겠다고 한다.

③ 둘째 연에서 룻은 나오미의 세계뿐만 아니라 나오미의 백성과 나오미의 하나님께 자신을 맡긴다.
④ 셋째 연에서 룻은 자신이 왜 그토록 나오미에게 헌신적인지를 설명한다. 룻이 첫 두 연만 말하고 멈추었다면 아마도 그녀는 나오미가 죽은 후에 자기 백성에게 돌아갈 수 있었을 것이다. 그러나 셋째 연에서 룻은 나오미가 죽은 후라 할지라도 하나님께 헌신하겠다고 한다.

이는 이스라엘의 하나님에 대한 깊은 이해에서 나온 것이다. 룻은 "어머니의 하나님이 나의 하나님이 되시리니"라고 말한다. 여기서 '하나님'은 '엘로힘'으로 '지존하신 하나님' 또는 "하나님의 대리인으로서 매우 위대한 재판관 또는 통지자" 또는 '전능자'라는 뜻이다. 17절에서 룻은 하나님을 '야훼'(혹은 '여호와')라고 불렀다. '여호와'(Jehovah)는 '스스로 있는 '(자존자: the existing One), '알파와 오메가', '처음과 나중', '유일하신 참 하나님'이라는 뜻이다. 하나님은 인간이 만든 다른 신들과 구별된다.
⑤ 모압의 주신은 그모스인데(민 21:29) 자녀들을 희생 제물로 요구했다. 예를 들면 모압 왕이 전투에서 거의 패배하게 되었을 때 그는 장차 왕이 될 맏아들을 번제로 드렸다(왕하 3:27). 룻은 우상 숭배로 인하여 끔찍한 환경에서 살았다. 동시에 그녀는 나오미를 만날 때까지 이스라엘의 하나님이 어떤 분인지 알지 못했다. 아마도 룻은 이스라엘 하나님에 대해 부정적인 견해를 가졌을 것이다.

그러나 룻이 시어머니와 함께 살면서 이스라엘의 하나님이 어떤 분이신지 체험하게 되었다. 그녀는 이스라엘의 하나님을 만나고 하나님의 사랑을 체험하게 되었다. 룻은 나오미가 그토록 훌륭한 시어머니가 된 것도 이 하나님께 대한 믿음 때문임을 깨달았다. 그녀는 나오미의 하나님이 나의 하나님이라고 고백할 수 있었다. 이를 기초로 그녀는 나오미와 함께 죽고 묻히고자 결심한 것이다.

⑥ 결말에서 룻은 "만일 내가 죽는 일 외에 어머니를 떠나면 여호와께서 내게 벌을 내리시고 더 내리시기를 원하나이다"라고 말했다(17). 이는 여호와 앞에서 개인적으로 하는 맹세의 일종이다. 이는 룻이 여호와를 인격적으로 만났음을 말해 준다. 그녀는 이 하나님과 계속적으로 관계성을 맺기 위해 나오미를 따르기를 원했다. 그녀는 이 하나님이 가장 가치 있는 분이심을 깨닫고, 이 하나님을 알고 실제 삶에서 하나님의 사랑과 은혜를 깊이 체험하기를 원했다(마 13:44).

2) 룻에게 끼친 나오미의 영향력: 나오미는 완전히 밑바닥에 내려갔을 때 하나님을 신뢰했다. 룻은 이 모든 것을 보고 시어머니와 그녀의 하나님을 신뢰하였다. 나오미의 믿음의 삶은 룻의 삶에 지대한 영향을 끼쳤다. 룻은 극심한 시련 가운데서도 하나님을 믿은 나오미의 믿음의 열매라고 볼 수 있다.

라. 19-22절은 나오미가 어떻게 룻과 함께 모압에서 돌아왔는지를 기술하고 있다.

5. 적용

가. 하나님이 어떤 분이심을 배웁니까?

1) 하나님은 주권자 하나님이시다. 시대는 매우 암울했다. 그 때는 사사 시대로서 각 사람이 자기 소견에 옳은 대로 행하였다. 우리의 시대도 이와 비슷하다. 우리는 어두운 시대에 압도당하여 쉽게 낙심하기 쉽다. 그러나 주권자 하나님은 회개하고 자기를 신뢰한 두 여인의 삶 속에 역사하시고 당신의 구속 역사를 이루어 나가셨다. 이 어두운 시대에 우리는 회개하고 자신의 삶을 하나님께 드린 사람들을 통해 구속 역사를 이루어 나가시는 하나님을 바라보아야 한다.

2) 하나님은 사랑하시는 자를 훈련하신다. 하나님은 훈련 기간 동안 우리의 믿음을 순수하게 하시고 성장하도록 하신다.

3) 하나님은 우리가 회개하고 돌아오기를 원하시고, 또 복 주시고 열매 맺기를 원하신다.

나. 나오미로부터 무엇을 배웁니까?

1) 나오미는 고난이 우연히 일어난 것이 아니고 그녀를 회개하도록 인도하시는 하나님의 섬세한 손길임을 깨달았다.

2) 나오미는 베들레헴으로 돌아옴으로 회개의 행동을 한 점에서 용기 있는 여인이었다. 이것은 아버지의 집으로 돌아간 탕자의 비유에 견줄 수 있다.

3) 나오미는 두 며느리를 진정으로 사랑했고, 위기의 때에 자신보다도 그들을 배려했다.

4) 나오미의 믿음의 삶은 가족들을 복음화하는 효과적인 수단이었다.

다. 룻으로부터 무엇을 배웁니까?

1) 룻은 결정적인 순간에 자신의 미래의 행복에 대해 걱정하기보다 시어머니를 걱정하였다. 이는 그녀의 삶과 가족이 하나님의 손에 달려 있다는 것을 믿었기 때문이다. 그녀는 하나님을 신뢰했다.

2) 룻은 하나님을 추구하고자 그녀의 전 인생과 미래를 드린 용기 있는 여인이었다. 룻은 하나님을 최고의 보화로 여김으로 하나님을 영화롭게 하는 영적 가치관을 가진 여인이었다.

룻기 2:1-23

1. 문단을 나누어 보고 각 문단에 제목을 붙여 보시오.

- 2:1-3. 룻이 보아스의 밭에서 이삭을 줍다.
- 2:4-7. 보아스가 룻이 밭에서 일하는 것을 발견하다.
- 2:8-13. 보아스와 룻의 대화.
- 2:14-16. 보아스가 룻을 식사에 초대하고 먹을 것을 주고 보호하다.
- 2:17-23 나오미와 룻의 대화.

2. 5W1H에 기초한 기초적인 관찰

가. 누가 등장하는가?

1) 보아스, 룻, 나오미, 베는 자들, 베는 자들을 거느린 사환(감독), 소녀들, 소년들.

2) 그들 가운데, 중심인물은 보아스와 룻이다.

노트 보아스는 이방인 기생인 라합과 결혼했던 살몬의 아들이다(4:21; 마 1:4-5).

나. 무슨 사건이 일어났는가?

1) 룻이 우연히 보아스의 밭에서 이삭을 줍게 되다.

2) 보아스는 룻을 만나고 그녀를 보호하고 먹을 것을 공급하다.

3) 나오미는 보아스가 기업 무를 자임을 알게 되다.

다. 이 일이 언제 일어났는가?

1) 보리 추수 기간 어느 날(1:22).

2) 보리 추수와 밀 추수를 마치기까지(23). 이 기간은 4월 말에서 6월 초로서 약 6-7주간이 된다. (봄의 로맨스가 싹이 트고 꽃을 피웠다.)

3) 아침(7), 낮, 점심(14), 저녁(17).

라. 이 일이 어디에서 일어났는가?

1) 베들레헴의 나오미의 집(1-2; 18-22).

2) 보아스의 밭(3-17).

3. 다섯 손가락(반복, 연관성, 비교, 대조, 강조)에 기초한 좀 더 자세한 관찰

가. 반복된 단어

1) 이삭을 줍다(glean, gleaned, gleaning) 12회(2,3,7,8,15[2],16,17[2],18,19,23)

① 레위기 19:9-10, 23:22, 신명기 24:20-21을 보면 하나님은 추수할 때에 자기 백성들에게 가난한 사람과 이방인들을 위해 이삭을 남겨두라고 말씀하신다. 하나님은 그들을 긍휼히 여기셨다.

② 소외된 자는 누구인가? 가난한 자, 이방인, 고아, 과부(레 19:10; 신 24:20-21).

2) 밭(field) 8회 (2,3[2],7,8,9,17,22, NIV).

3) 추수-베는(자)(harvest(s), harvesters, harvesting) 10회 (3,4,5,6,7,9,14,21,23[2]).

① 우리는 당시의 농경사회를 이해할 필요가 있다. 당시 대부분의 사람들은 농사일에 연관되어 있었다.

② 기근이 지나간 후 하나님께서 풍성한 곡식을 주시는 축복의 때가 되었다(1:6). 그 때는 즐거운 분위기였다.

③ 추수꾼들은 하나님의 축복을 기억하고 감사하며 더 나아가 가난한 자와 이방인들과 같은 도움이 필요한 자들을 하나님의 긍휼로 관심을 가졌다.

4) 여호와(he/his) 7회(4[2],12[2],20[3], NIV).

① 하나님의 축복의 때에 사람들은 여호와의 이름으로 서로를 축복하면서 행복해했다.

② 그들은 여호와께서 주권자가 되시고 복의 근원이요 상급이 되심을 인정했다.

나. 비교

1) 하나님의 보호하심을 그의 날개 아래에 보호를 받으러 온 새에 비유하였다(12).

다. 대조

1) 사회적 위계: 지주, 감독, 추수꾼들, 여자들, 소년들, 이삭을 줍는 여인들, 이방인들.

2) 보아스와 룻: 유대인과 이방인, 남자와 여자, 유력한 자와 가

난한 과부, 주는 자와 받는 자.

3) 보아스의 밭과 나오미의 집: 보아스의 밭은 곡식으로 풍성하였다. 나오미의 집은 가난하고 자선이 필요했다.

4) 보아스의 밭과 다른 사람의 밭(22)

라. 연관성

1) 나오미와 보아스: 나오미의 남편 엘리멜렉은 보아스의 친족이었다(1,20).

2) 나오미와 룻: 룻은 주도적으로 시어머니를 봉양하기 위해 이삭을 주우러 나가고자 하였다(2). 룻은 시어머니에게 무슨 일이 일어났는지를 보고하였다(19). 그들은 서로를 받들며 깊은 신뢰의 관계를 맺고 있었다.

3) 이스라엘 사람들과 모압 사람들. 저자는 룻이 모압 여인이라는 사실을 강조하고 있다(2:2,6,21). 역사적으로 모압 사람들은 이스라엘의 원수였다(1장 노트 참조).

마. 강조

1) 2장은 하루 만에 일어난 일을 말한다. 총 23구절인데 그중에서 8-16절의 아홉 구절이 보아스와 룻의 대화로 되어 있다.

2) 보아스는 주는 자요 룻은 받는 자로 특징지워진다.

바. 단어 연구

1) 접속사와 감탄사

① Now(1, NIV)

② And(2,9, NIV)

③ Just then/'Behold'(4, KJV,ESV)

④ 여호와께서 너희와 함께 하시기를 원하노라!(4, NIV)

⑤ 여호와께서 당신에게 복 주시기를 원하나이다!(4, NIV)

⑥ So(8,17,23, NIV)

⑦ 너를 돌본 자에게 복이 있기를 원하노라!(19, NIV)

⑧ 그가 여호와로부터 복받기를 원하노라!(20, NIV)

2) 핵심 단어와 사상

① 이삭을 줍다.

② 하나님께서 보아스와 룻의 관계를 주관하시다.

- 룻을 보아스의 밭으로 인도하심(3).
- 보아스를 적절한 때에 밭으로 인도하심(4).
- 보아스가 룻을 알아 봄(5).
- 보아스가 룻에게 먼저 대화를 함(8).
- 보아스가 룻에게 호의를 보이고 축복함(9,12).
- 보아스가 룻을 식사에 초대하여 함께 식사함(14).

4. 해석

노트 본문을 관찰해 볼 때 2장에서 핵심 단어는 '이삭을 줍다'이다. 농업 사회에서 이삭을 줍는 것은 소외된 자들에게 베푸는 흔한 관행이었다. 그들은 추수꾼들을 따라가며 남겨진 곡식을 주었다. 이것은 반드시 행해야 하는 하나님의 법이었는데 이는 소외된 자들에 대한 하나님의 관심의 표현이었다(레 19:9-10; 23:22). 이 장에서 우리는 하나님께서 보아스와 룻의 관계를 통해 소외된 자들에게 어떻게 긍휼을 베푸시고 있는가를 볼 수 있다. 보아스는 주는 자이고 룻은 받는 자이다.

가. 주는 자로서의 보아스의 인격

1) 보아스와 추수꾼들은 여호와의 이름으로 서로에게 인사한다(4). 그들은 여호와를 경외하였다. 그들은 여호와 안에서 서로를 보았다. 그들은 여호와 앞에서 살았다. 보아스는 여호와의 성품을 반영해 준다.

2) 보아스는 자기 밭에서 일하고 있는 잘 모르는 젊은 여인을 주목하였다(5). (이는 그가 종들에게 관심을 갖고 그들을 잘 알고 있음을 말해 준다.) 그가 처음 한 일은 그녀를 돌보는 것이었다.

3) 보아스가 룻에게 먼저 말을 걸었다(8a). 당시 사회적 위계에서는 보아스와 같이 유력한 자요 지주는 룻과 같이 비천한 이방 과부에게 말을 걸 수 없었다. 룻이 보아스에게 말을 건다는 것은 상상도 할 수 없었다. 그러나 보아스는 예수님이 사마리아 여인에게 말을 거신 것처럼 자신을 낮추고 먼저 말을 걸었다.

4) 그녀가 모압 여인이라는 것을 알고 난 후 보아스는 그녀를 '내 딸아'라고 불렀고 그녀가 자기 밭에서 일하도록 허락했다(8). 그는 아버지의 마음으로 그녀를 보았고 차별하지 않고 한 가족 구성원으로 대우하였다. 그녀는 다른 사람에게 상처받기 쉬웠으나, 보아스는 그녀를 보호하였고 그녀에게 물을 주었다(9,15-16). 중동에서는 물이 귀하고 물을 마시는 것은 일하기 위해서 매우 중요하다. 그는 너그러웠다(16). 그는 배려심 있고 친절했으

며 가난한 자와 이방인들을 불쌍히 여겼다.

5) 보아스는 룻이 나오미를 돌보기 위해 자기 가족과 민족을 떠나 다른 문화 속에서 살고 있는 그녀의 희생과 헌신을 알았다(11). 그는 또한 그녀가 과부라는 사실을 배려했다. 그는 종교적 편견의 눈으로 그녀를 바라보지 않고 보편적인 인간애에 기초해서 보았다.

6) 보아스는 여호와의 이름으로 룻을 축복하였다(12). 그는 하나님께서 룻이 행한 일에 보답하시기를 원하며, 온전한 상 주시기를 원했다. 그는 믿음으로 자기에게 나아오는 자를 축복하시는 하나님의 마음을 잘 알고 있었다. 그는 하나님이 이스라엘의 하나님일 뿐만 아니라 이방인의 하나님도 되신다는 것을 알았다. 그는 하나님이 자기를 기쁘게 하는 자에게 상주시는 분이심을 알았다.

7) 은혜로운 점심 식사 초대

① 룻은 추수하는 일꾼이 아니므로 점심을 같이 먹을 자격이 없었다. 그러나 보아스는 그녀를 추수하는 일꾼과 똑같이 식사에 초대하였다. 이는 은혜다.

② 이 광경은 예수님께서 와서 더불어 먹고 마시자고 초대하신 것(계 3:20)과 어린 양의 혼인잔치에 참석하는 것을 떠올리게 한다(계 19:9).

나. 은혜를 받는 자로서의 룻의 인격

1) 그녀는 시어머니를 의존하지 않고 주도적으로 시어머니를 봉양하고자 했다(2). 그녀는 이방인이어서 이 일을 하는 것이 쉽지

않았다. 그녀는 용기 있는 여인이었다. 그녀는 수동적이거나 게으르지 않았고 당연히 도움을 받아야 된다는 생각도 없었다.

2) 그녀는 열심히 일하는 여인이었다(7). 받는 자는 거지 근성을 가져서는 안 된다.

3) 그녀는 겸손하였다. 그녀는 얼굴을 땅에 대고 절하였다(10).

4) 그녀는 자신이 누구인지 잘 알았다. 그녀는 은혜를 받을 자격이 없는 이방인이었다. 그러나 은혜를 받을 때 상처받지 않았다. 그녀는 이를 겸손히 그리고 감사함으로 받았다. 그렇다고 보아스의 은혜를 당연히 여기지도 않았다.

5) 그녀는 받을 자격이 없지만 계속해서 은혜받기를 원했다. 그녀는 마음을 열고, 보아스의 말이 자신을 위로하였다고 자신의 솔직한 감정을 표현했다(13).

6) 그녀는 밭에서 나오미의 집까지 13kg이나 되는 곡식을 짊어지고 갈 정도로 건강하고 튼튼한 여인이었다(17-18a). 그녀는 시어머니를 배려했다(18b).

다. 그리스도 모형으로서의 보아스

1) 보아스가 룻과 먼저 관계성을 맺은 것처럼, 그리스도도 우리와 관계성을 맺기 위해 먼저 자신을 낮추시고 이 세상에 오셨다.

2) 보아스가 긍휼히 여긴 것처럼, 그리스도도 항상 긍휼히 여기는 마음으로 사람들을 보셨다. 그리스도는 연약하고 취약한 사람들을 이해하시고 돌보신다. 그는 상한 갈대도 꺾지 아니하시고 꺼져가는 심지도 끄지 아니하신다(마 12:20).

3) 보아스가 차별하지 않은 것처럼, 그리스도도 차별하지 않으

시고 자기에게 오는 모든 사람들을 다 품으셨다.

라. 보아스와 룻은 그리스도와 교회의 모형

1) 우리는 룻처럼 이스라엘 나라 밖의 사람이었고, 약속의 언약들에 대하여는 외인이었으며, 세상에서 소망이 없고 하나님도 없는 자였다(엡 2:12). 우리의 삶은 의미 없고, 열매가 없었으며, 죄로 멸망할 운명이었다.

2) 보아스가 긍휼로 룻을 돌본 것처럼, 그리스도께서 이 세상에 오셔서 크신 긍휼로 우리를 돌보셨다. 그리스도는 생명의 말씀을 가르치셨고, 우리에게 삶의 의미와 목적을 주셨다. 그리스도는 우리를 위로하시고 용기를 주셨으며, 하나님 나라에 대한 산 소망을 주셨다. 마침내 그리스도는 십자가에서 우리 죄를 위해 죽으셨다. 이로써 그리스도는 우리를 향한 하나님의 사랑을 나타내셨다. 그리스도는 우리를 당신의 귀한 자녀요 하나님 나라의 상속자로 삼아 주셨다. 그리스도는 이 모든 특권과 축복을 우리에게 은혜로 거저 주셨다.

5. 적용

가. 당신은 하나님이 어떤 분이심을 배웁니까?

1) 하나님이 축복하셔서 추수할 수 있는 환경을 만들어 주셨다는 것은, 하나님께서 기근이라는 일정한 고난 후에 축복으로 자기 백성을 회복하셨음을 보여 준다.

2) 하나님은 룻을 보아스의 밭으로 인도하신 것처럼, 그의 은혜를 받고자 자기를 찾는 자들을 인도하신다.

3) 하나님은 그의 은혜의 날개 아래 오는 자들을 보호하시고 필요한 것을 공급하시고 축복하시고 상 주시는 분이시다(히 11:6).

4) 하나님은 차별하지 않으시고 믿음으로 나아오는 자들에게 은혜를 베푸시는 분이시다. 하나님은 이스라엘의 하나님이실 뿐만 아니라 이방인의 하나님도 되신다.

5) 나오미가 깨달은 바와 같이, 하나님은 살아 있는 자나 죽은 자에게 은혜 베풀기를 그치지 않으신다(20). '은혜'라는 단어는 히브리어로 '헤세드'이다. 나오미는 연단을 통해 하나님의 고차원적인 사랑을 받았다. 그러나 그녀는 하나님께 대해 쓴 뿌리를 품지 않았다. 오히려 하나님은 자기에게 돌아오는 자에게 인애롭고 신실한 분이심을 깨달았다. 이를 통해 하나님은 그에게 나아오는 자기 백성들에게 대대로 은혜를 부어주고 계심을 알 수 있다. 우리는 또한 하나님께서 가난하고 나이 많은 과부를 깊이 위로하시는 것을 볼 수 있다. 하나님은 그녀의 깊은 절망을 희망으로 바꾸어 주셨다.

나. 당신은 보아스로부터 무엇을 배웁니까?

1) 보아스는 하나님의 성품을 가진 자이다. 그는 온유함과 겸손, 이해심, 친절, 긍휼, 너그러움을 가졌고, 차별하지 않고 모든 사람을 다 품었다.

다. 당신은 룻으로부터 무엇을 배웁니까?

1) 룻은 겸손과 믿음과 감사로 은혜를 받음으로 호의나 은혜를 어떻게 받아야 하는지를 가르쳐준다. 그녀는 자신이 누구인 줄 잘 알았다. 그녀는 이방인이요 이스라엘 사회에서 권리를 주장할 수 없는 가난한 과부였다.

2) 그녀는 은혜가 주어졌을 때 자존심 때문에 상처받지 않았다. 그녀는 사람들의 친절을 이용하거나 얻어먹기만 하는 거지의 마음을 갖지 않았다. 그녀는 열심히 일했고 감사하며 다른 사람을 배려했다.

룻기 3:1-18

1. 문단을 나누어 보고 각 문단에 제목을 붙여 보시오.

- 3:1-4 나오미가 룻에게 보아스에게 청혼하라고 설득하다.
- 3:5-6 룻이 순종하다.
- 3:7-13. 보아스는 룻과 그 가족의 기업을 무르겠다고 약속하다.
- 3:14-15 보아스가 룻을 풍성한 곡식과 함께 새벽에 보냄으로 보호하다.
- 3:16-18 나오미는 룻에게 일이 어떻게 되어가는지 지켜보라고 조언하다.

2. 5W1H에 기초한 기초적인 관찰

가. 누가 등장합니까?

1) 나오미, 룻, 보아스.

나. 어떤 사건이 일어나고 있습니까?

1) 나오미가 룻에게 이스라엘 율법과 관습에 따라 보아스에게 청혼하라고 설득한다.

2) 룻은 나오미의 말에 순종하여 보아스에게 청혼한다.

3) 보아스는 더 가까운 기업 무를 자에게 먼저 기회를 주는 조건부로 받아들인다.

다. 언제 이 사건이 일어났습니까?

1) 어느 날(1). 보리 수확이 끝나고 타작마당에서 보리를 가져온 후.

2) 보리를 까불리는 동안(2).

3) 밤과 이른 아침(13-14).

라. 이 사건은 어디에서 일어났습니까?

1) 나오미의 집(1-5).

2) 보아스의 타작마당(6-13).

3) 나오미의 집(14-18).

3. 다섯 손가락(반복, 연관성, 비교, 대조, 강조)에 기초한 좀 더 자세한 관찰

가. 반복

1) '행하다(Do)', 8회(4,5,6,11,13[4]). 이는 행동과 순종을 요구한다. 룻은 나오미가 지시한 대로 순종함으로 행하였다. 보아스는 룻의 요청을 실행할 준비가 되어 있었다. 그것은 그의 약속이었다. 4장에서 보아스는 그의 약속대로 행했다. 말만 하지 않고 행동하는 것은 중요하다.

2) '기업 무를', '무르다' 7회(9,12[2],13[4]). 히브리어 '고엘(ga'al)'

① 기업 무를 자는 여러 가지 면에서 친족 가운데서 도움이 필요한 구성원들의 이익을 보호할 책임이 있었다.

- 죽은 형제의 이름을 잇는 것(신 25:5-10).
- 가난한 친족이 가족 외의 사람들에게 팔았던 땅을 되찾는 것(레 25:25-28).
- 노예로 팔린 친족을 속량하는 것(레 25:47-49).

• 살인당한 친족의 억울함을 보복하는 것(민35:19-21).

② 기업 무를 자의 제도는 각 지파가 자기의 혈통과 재산을 보존하여 결국 12지파를 보존하기 위한 하나님의 방법이었다.

③ 하나님은 유다 지파를 통해 메시아를 보내시겠다고 약속하셨다. 하나님은 이 약속을 지키시기 위해 지파의 순수성과 존재를 유지할 필요가 있으셨다.

3) '눕다' 7회(4[3],7[2],13,14).

4) '내 딸' 5회(1,10,11,16,18).

① 나오미는 룻을 '내 딸'이라고 세 번 불렀다. 모압 사람이 이스라엘 가족 공동체 구성원으로 인정받는 것은 매우 드문 일이었다. 이는 나오미가 룻을 자신의 딸로 영접했음을 보여준다.

② 보아스는 두 번이나 룻을 '내 딸'이라고 불렀다. 이는 친밀한 관계를 나타내고 이스라엘 공동체의 합법적인 구성원으로 영접했음을 의미한다.

5) '타작마당' 4회(2,3,2,14). 그곳은 헛간과 비슷한 장소로 추수한 후 곡식들을 처리하는 장소였다. 이곳은 비밀스러운 만남을 갖는 것이 가능했다.

나. 비교

1) "네가 베푼 인애가 처음보다 나중이 더하도다"(10b). 이는 두 개의 '헤세드' 사랑을 비교한 것이다.

2) "기업 무를 자로서 나보다 더 가까운 사람이 있으니"(12).

다. 대조

1) "젊은 자를 따르지 아니하였으니"(10a). 이 말에서 룻은 다른 여자와 대조된다. 사사 시대에는 만족과 안전을 위해서 잘 생긴 젊은 남자를 따르는 여자들이 많았다. 그러나 룻은 달랐다.

라. 관계성

1) 나오미와 룻의 관계는 멘토와 멘티의 관계.

① 나오미는 룻을 위해 안식할 곳을 구해 주어야 한다는 책임감이 있었다(1).

② 나오미는 룻을 진정으로 사랑했다.

③ 룻은 나오미를 신뢰하고 그녀의 방향에 순종했다.

2) "만일 그가 기업 무를 자의 책임을 네게 이행하기를 기뻐하지 아니하면…내가 기업 무를 자의 책임을 네게 이행하리라"(13). 이는 보아스와 룻의 사이에 새로운 관계성을 맺는 조건부 약속이었다.

마. 강조

1) 나오미와 룻의 관계는 멘토와 멘티의 관계로서 좋은 본보기가 된다.

4. 해석

노트 이 본문에서 특히 중요한 것은 나오미와 룻의 관계성이다. 그들의 관계는 하나님의 한결같은 사랑에 기초하여 상호 간에 신뢰하는 관계였다. 나오미는 진정으로 룻의 행복에 관심을 가졌다. 룻은 하나님의 사랑에 기초해서 희생적으로 나오미를 섬겼다. 나오미는 하나님의 율법에 따라 룻이 보아스에게 청혼하도록 제안하였고, 룻은 나오미가 무엇을 의미하는지 잘 알았고 주저함이 없이 순종했다.

그런데 마음에 몇 가지 의문이 든다. 나오미는 왜 이상한 지시를 했을까(3:1-4)? 룻은 어떻게 조금의 주저함도 없이 분명하게 순종할 수 있었을까(3:5-6)? 보아스는 왜 룻이 베푼 인애가 처음보다 나중이 더 크다고 했을까(3:10)?

가. 1-4절에서 나오미는 왜 이상한 지시를 했을까요?

1) 룻을 보아스에게 이런 식으로 보내는 데에는 위험성이 있다. 그 시도가 잘되지 않을 경우, 그들 두 사람의 평판은 완전히 망가질 것이다. 나오미의 삶은 더 비참하게 되고 룻은 추방될 수 있었다.

2) 나오미는 하나님께서 룻을 한 걸음 한 걸음 인도하시는 것을 체험하고는 믿음이 되살아났다. 그녀는 보아스의 관대함과 친절과 배려를 통해 자신과 자기 가족에게 행하시는 하나님의 인애를 체험할 수 있었다(2:20). 그녀는 하나님께서 결혼 역사에 간섭하신다는 확신을 가질 수 있었다. 그녀는 이 확신에 기초해서 무모한 도전을 할 수 있었다.

3) 그럼에도 우리 마음에는 여전히 나오미가 왜 그러한 무모한 방법을 선택했는지에 관해 의문점이 든다. 그녀는 보아스를 저녁 식사에 초대하거나 전문 유대 결혼 중개사에게 맡겨 이 일을 행하도록 할 수도 있었다. 그녀는 룻이 자기와 함께 영원히 남아 있

기보다 가정을 꾸리기를 바랬다. 그녀는 말했다. "내가 너를 위하여 안식할 곳을 구하여 너를 복되게 하여야 하지 않겠느냐?"(1) 그녀는 이 문제를 놓고 기도를 많이 했을 것이다. 그 후 그녀는 완전한 신뢰와 용기 있는 행동을 요구하는 하나님의 때를 보게 되었다. 그래서 그녀는 지체하지 않고 믿음으로 그 기회를 잡았다. 이는 하나님께 대한 믿음의 행동이요, 며느리를 향한 참된 사랑의 표현이었다. 사실, 이는 멘토로서 적절한 지시였다.

나. 룻은 어떻게 조금의 주저함도 없이 분명하게 순종할 수 있었을까요?

1) 룻은 나오미의 지시를 따르는 것이 위험한 일이라는 것을 잘 알고 있었다. 그녀는 오해를 받아 이스라엘 공동체에서 쫓겨나는 것은 말할 것도 없고 돌에 맞아 죽을 수도 있었다. 모든 사람들은 그녀를 현숙한 여자로 생각하고 있었다(11). 더욱이 여종이 이런 식으로 고귀한 주인에게 접근한다는 것은 수치스러운 일이었다.

2) 룻은 시어머니를 전적으로 신뢰했고 기꺼이 그녀의 지시를 행하고자 했다. 그러나 이는 맹목적인 순종이 아니었다. 룻은 멘토의 가르침이 무엇을 의미하는지 잘 알았다. 룻도 역시 자신의 삶 속에 역사하시는 하나님의 은혜와 시어머니의 가족을 회복시키고자 하시는 하나님의 손길을 느꼈다. 근본적으로 룻은 하나님을 신뢰했다. 그리고 하나님의 사람으로서 보아스의 진실성을 믿었다.

3) 룻은 다른 많은 과부와 같이 재혼하는 것을 거절할 수도 있었다. 그녀는 이미 나오미를 죽기까지 따르겠다고 결심했다(1:18).

이는 다시 결혼하지 않겠다는 이유가 될 수 있었다. 만일 룻이 그러한 갈등을 하였다면 나오미에게 순종하기 위해서 자기를 부인해야 했다. 그러나 한 가지는 분명했다. 룻은 나오미의 혈통을 잇고 가문을 세우기 위해 생명의 위험을 무릅쓰고 나오미에게 순종했다. 이것은 룻이 시어머니를 위해 자기를 희생하는 희생적인 사랑이었다.

다. 보아스는 왜 룻이 베푼 인애가 처음보다 나중이 더 크다고 했을까요(3:10)?

1) 보아스가 한밤중에 깨어보니 한 여인이 그의 발꿈치에 누워있는 것을 발견했다. 그는 놀라고 당황스러웠다. (8절에 느낌표를 보라. NIV) 그러나 그는 충동적으로 반응하지 않고, 그녀가 누구인지 물었다.

2) 그녀의 대답과 요청을 듣자 보아스는 즉시 대답했다. "여호와께서 네게 복 주시기를 원하노라. 네가 가난하건 부하건 젊은 자를 따르지 아니하였으니 네가 베푼 인애가 처음보다 나중이 더하도다"(3:10). 여기서 '인애'라는 단어는 히브리어로 '헤세드'이다 (1:8 노트 참조). 1장16절을 보면 그녀의 첫 행동은 시어머니와 시어머니의 하나님을 죽기까지 따르겠다고 맹세한 것이었다. 그것은 하나님의 한결같은 사랑에 감동된 충성의 행동이었다.

그러나 룻이 엘리멜렉의 혈통을 잇기 위해 젊은 자를 따르지 않고 나이 많은 보아스와 기꺼이 결혼하겠다는 것은 그보다 더 위대한 행동이었다. 그녀는 자신의 이익과 행복을 위해서 재혼하려고 하지 않았다. 그녀는 나오미 가족의 혈통을 잇기 위해 자기를 희생했다. 보아스는 하나님께 대한 룻의 믿음과 사랑이 성장하고 있음을 깨달았다. 보아스는 의심하거나 판단하지 않았다. 그는 룻을 이용하고자 하는 기회주의자가 아니었다. 오히려 하나님의 마음으로 그녀를 이해했다.

3) 보아스는 룻의 기업 무를 자가 되겠다고 약속했다. 그러나 먼저 이스라엘의 율법에 따라 가장 가까운 친족에게 먼저 기회를 주어야 한다고 설명했다. 그는 진실로 경건하고 진실한 사람이었다.

4) 보아스는 룻의 명예를 보호해 주었다(14). 보아스는 룻을 빈손으로 보내지 않고 그녀와 시어머니를 위해 풍성하게 곡식을 담아 주었다(15,17b).

5) 나오미는 룻이 믿음으로 기다리도록 용기를 주었다(18). 믿음으로 기다리는 것도 역시 믿음의 행동이다(요일 5:15). 나오미는 하나님과 보아스를 신뢰하였다.

5. 적용

가. 하나님에 대해 무엇을 배울 수 있습니까?

1) 하나님의 헤세드의 사랑이 나오미와 룻과 보아스를 감동시켰다.

2) 하나님은 나오미의 믿음을 회복시키사 은혜로 불가능한 상황을 극복하도록 도와주셨다. 하나님은 나오미의 믿음의 행동을 받으시고, 룻과 보아스의 마음속에 역사하셨다.

3) 하나님은 신실하셔서 믿음으로 사는 사람들을 위해 최고의 배우자를 예비하신다.

4) 사사 시대에 모든 사람들이 자기 소견대로 행하고 있었을 때, 하나님은 구원 역사를 위해서 나오미와 룻과 보아스와 같은 믿음의 사람들을 세우셨다.

나. 나오미로부터 무엇을 배울 수 있습니까?

1) 룻을 향한 진정한 사랑. 나오미의 믿음은 하나님의 헤세드의 사랑에 감동된 것이다.

2) 하나님께 대한 용기 있는 믿음.

3) 멘토의 지혜와 시기적절한 지시.

4) 믿음으로 기다리는 것.

다. 룻으로부터 무엇을 배웁니까?

1) 룻은 하나님과 그녀의 멘토를 신뢰했다. 이는 그녀가 자신을 향한 하나님의 헤세드의 사랑을 체험했을 때 가능했다.

2) 룻은 멘토의 지시가 무엇을 의미하는지 알았다.

3) 룻은 자신의 삶과 미래가 위험에 처할 줄 알고도 순종했다.

라. 보아스로부터 무엇을 배웁니까?

1) 보아스가 시간을 두고 룻을 자세히 관찰했을 때 그녀의 행동이 하나님의 헤세드의 사랑에 근거한 것임을 깨달았다. 그는 룻이 어떤 사람이라는 것을 알게 되었고 그녀를 신뢰하였다. 그래서 룻이 예상치 못한 행동을 했을 때 마음이 상하지 않았다.

2) 그는 목자의 마음을 가졌다. 그는 룻이 얼마나 상처받기 쉬운 여인이라는 것을 이해하였으며, 그녀를 보호하였고 돌보아 주었다.

3) 그는 하나님과 율법, 나오미 가정과 룻에 대해 책임감을 가졌다.

룻기 4:1-22

1. 문단을 나누어 보고 각 문단에 제목을 붙여 보시오.

- 4:1-8 기업 무를 자의 책임을 이행하는 보아스.
- 4:9-10 룻을 아내로 취함으로써 나오미의 가족을 속량하는 보아스.
- 4:11-12 모든 백성과 장로들이 증인이 되고 룻을 축복함.
- 4:13-17 오벳의 탄생.
- 4:18-22 다윗의 계보.

2. 5W1H에 기초한 기초적 관찰

가. 누가 등장합니까?

1) 주요 등장인물: 보아스, 룻, 나오미.

2) 배경 인물: 그 기업 무를 자, 10명의 성읍 장로들, 성문의 모든 사람들, 여인들, 오벳.

3) 감독과 프로듀서: 여호와 하나님.

나. 어떤 일이 일어났습니까?

1) 보아스가 어떻게 합법적으로 룻을 아내로 맞이했는가를 기술하다.

2) 오벳이 어떻게 태어났고 다윗 왕의 조부가 되었는가를 기술하다.

다. 이 일이 언제 일어났습니까?

1) Meanwhile(1, NIV), Then(3,5,9,11,16,18, NIV), Now(5, NIV)

2) 룻이 청혼한 바로 그 다음 날 보아스가 기업 무를 자의 책임을

이행하다.

3) 결혼한 후 오벳이 태어나기까지 10개월이 걸린다.

4) 오벳은 다윗 왕의 조부가 되었는데, 약 40년 후 정도로 추정된다.

라. 이 일은 어디에서 일어났는가?

1) 성문, 공적인 집회 장소(신 21:19). 그들은 이 장소에서 공동체의 중요한 일을 결정했다.

2) 보아스와 룻의 집.

3. 다섯 손가락(반복, 연관성, 비교, 대조, 강조)에 기초한 좀 더 자세한 관찰

가. 반복

1) '기업 무를 자' 6회(1,3,4,6,8,14), '무르다' 8회(4[4],6[3],7), '기업을 세우다' 3회(5,10,11)-3장 노트 참조.

2) '낳았다' 12회(12,13,15,18,19[2],20[2],21[2],22[2])

3) '장로들' 4회(2,4,9,11)

4) '증인' 3회(9,10,11)

나. 연관성

1) 죽은 자의 아내 모압 여인 룻(5,10)은 보아스의 아내요 오벳의 어머니가 되었다.

2) 오벳은 다윗 왕의 조부가 되었다.

3) 10명의 장로들과 성문의 사람들은 보아스와 룻의 결혼의 증

인이 되었다.

4) 여인들이 "나오미가 아들을 낳았다"라고 말하면서 그의 이름을 오벳이라고 불렀다. (오벳은 '예배자'란 뜻이다.)

5) 나오미는 오벳의 '유모 할머니'가 되었다. ('양육자'라는 말은 '유모' 또는 '아기 봐 주는 사람'이라는 뜻이다.)

다. 비교

1) 룻은 이스라엘의 집을 세운 라헬과 레아와 같은 방법으로 축복을 받는다(11).

2) 보아스와 룻의 가족은 다말이 유다에게 낳아준 베레스의 가족과 같다.

라. 대조

1) 기업을 무를 두 사람.

① 한 사람은 땅을 무르고자 하였지민 과부와 결혼하려고 하지 않았다. 왜냐하면 그의 재산을 잃을 위험이 있기 때문이다. 룻이 아들을 낳으면 그 아들은 자신의 재산의 전부나 일부를 상속할 것이고, 이는 자신의 것이 아닌 말론의 것으로 여겨지기 때문이다.

② 보아스는 기업 무를 자로서 똑같은 상황에 직면했다. 그러나 그는 재산과 상속 문제보다는 룻에 대해 더 관심을 가졌다. 보아스는 룻을 향한 긍휼의 마음을 갖고 있었다. 그는 사회적으로 소외되고 가난한 이방인 과부를 배려했다.

2) 룻은 일곱 아들보다 더 나았다.

3) 나오미는 빈손으로 베들레헴으로 돌아왔지만(1:21), 여호와께서는 룻을 통해 훌륭한 사위와 매우 귀한 손자를 주심으로 채워 주셨다. 하나님은 그녀의 생명의 회복자가 되셨다.

마. 강조

1) 다양한 형태로 '무르다'라는 단어가 반복되어 나오는데 이는 무르는 일이 룻기에서 아주 중요한 주제임을 말해 준다.

2) 룻은 복의 근원이 되었다.

4. 해석

가. 하나님은 우리의 생명의 회복자가 되신다. "이는 네 생명의 회복자이며 네 노년의 봉양자라. 곧 너를 사랑하며 일곱 아들보다 귀한 네 며느리가 낳은 자로다 하니라"(4:15).

1) 룻기의 시작 부분에서 나오미의 삶은 비참했다. 그러나 하나님께서 이스라엘을 복주셨다 함을 듣고 비록 빈손이었지만 믿음으로 돌아가기로 결단하였다.

2) 룻은 결혼의 소망은 말할 것도 없고, 이스라엘 공동체에 들어갈 희망조차 없었다. 그러나 룻은 시어머니와 이스라엘의 하나님을 사랑했기 때문에 나오미를 붙좇고자 결단했다.

3) 나오미와 룻이 믿음의 결단을 하는 것은 쉽지 않았다. 그러나 그들이 믿음으로 결단했을 때 하나님은 그들을 넘치도록 축복하셨다. 하나님은 자기를 사랑하는 자들에게 모든 것을 합력하여 선을 이루시는 분이시다(롬 8:28). 하나님은 자기에게 소

망을 둔 자들을 새롭게 하신다(사 40:31). 하나님 안에 소망이 있다. 하나님은 생명의 근원이시요, 생명을 지속적으로 공급하시는 분이시다.

4) 우리는 나오미와 같이 죄와 허물로 죽은 자들이었다(엡 2:1). 우리는 룻과 같이 약속의 언약들에 대하여는 외인이요 세상에서 소망이 없고 하나님도 없는 자였다(엡 2:12). 그러나 우리가 예수님을 믿었을 때, 하나님은 우리를 살리시고 죄에서 구원하셨다(엡 2:5). 하나님은 우리를 그의 사랑하는 자녀요, 하나님의 가족의 일원이요, 그의 나라의 상속자로 삼으심으로 우리의 지위를 바꾸어 주셨다(롬 8:16-17; 엡 2:19; 3:6).

나. 하나님은 불쌍한 과부나 이방인조차도 믿음으로 사는 자들을 사용하신다. 하나님은 차별이 없으시고 편견을 갖고 대하지 않으신다. 하나님은 믿음으로 자기에게 나아오는 자는 누구든지 축복하시고 구속 역사에 귀하게 사용하신다.

다. 보아스와 룻은 그리스도와 교회의 모형이다. 보아스는 기업 무를 자이다. 그는 룻을 아내로 맞이함으로 나오미의 가족을 구속하였다. 보아스는 기업 무를 자로서 메시아의 모형이다. 메시아 예수님은 우리를 사탄과 죄와 죽음의 권세에서 구속하셨고, 그의 귀한 피로 우리를 씻기심으로 우리를 그의 정결하고 사랑하는 신부가 되게 하셨다.

라. 룻이 믿음으로 살 때 하나님의 백성의 일원이 되었다. 성문에 앉은 장로들과 백성들은 증인이 되었을 뿐만 아니라 룻이 라헬과 레아

와 다말과 같이 되도록 축복하였다(11-12). 게다가 여인들은 나오미를 축복하고, 룻이 일곱 아들보다 낫다고 인정하였다. 룻은 이스라엘의 백성 중에 완전히 받아들여졌으며 영광스럽게 되었다.

5. 적용

가. 보아스는 룻의 제안에 반응하여 행동을 취하였다. 그는 더 가까운 친족으로 첫번째 기업 무를 자와 장로들을 불러 공적 집회를 개최하였다. 그는 율법에 따라 더 가까운 친족으로 다른 기업 무를 자에게 나오미의 땅과 룻을 속량할 수 있도록 선택권을 주었다. 그는 적절한 증인들을 소집하였다. 그는 모든 행동에서 투명하고 합법적으로 일을 진행하여 모든 사람들이 그의 행동을 이해하고 받아들이고 축복하도록 하였다. 이로 인해 추후 아무도 그 일에 대해 이의를 제기하지 못하도록 하였다. 우리는 어떤 일을 진행할 때 하나님의 사람으로서 보아스의 정직함과 투명함, 진실함을 배울 수 있다.

나. 보아스는 그 사회의 권력자였고 룻은 상처받기 쉬운 여인이었다. 그러나 보아스는 거만한 태도로 그녀를 대하지 않았고, 오히려 사랑과 배려와 긍휼과 친절과 이해심으로 공주와 같이 대했다. 그는 도움이 필요한 자들을 구원하고 축복하는 데에 권력과 특권을 사용해야 함을 보여 준다.

다. 보아스는 메시아의 모형이다. 그는 메시아의 그림자인 다윗 왕의 조부가 되었다. 예수님은 하나님의 아들이시다. 메시아로서 예수님은 하늘과 땅의 권세를 가지신 분이시다. 그러나 예수님은 약한 자를 억압하는 데 권세를 사용하지 않으셨다. 예수님은 죄와 사망의 권세로부터 사람들을 구원하시고 하나님의 자녀로 삼으시기 위해 권세를 사용하셨다. 예수님은 죄인들을 향한 긍휼의 마음을 가지셨고, 죄인들을 구원하시기 위해 기꺼이 자기 자신을 희생하셨다. 예수님은 율법의 모든 요구를 만족시킴으로 공적으로 하나님이 정하신 대로 하셨다. 예수님은 우리를 그의 형제라 부르기를 부끄러워하지 않으셨다(히 2:11). 이런 식으로 예수님은 우리에게 영원한 구원을 주셨다. 우리는 오직 예수님의 은혜로 구원받았고 하나님의 가족 구성원이 되었다.

룻기 메시지

룻기 1:1-22

요절 룻기 1:16

하나님의 사랑에 감동된 믿음의 결단

"룻이 이르되 내게 어머니를 떠나며 어머니를 따르지 말고 돌아가라 강권하지 마옵소서. 어머니께서 가시는 곳에 나도 가고 어머니께서 머무시는 곳에서 나도 머물겠나이다. 어머니의 백성이 나의 백성이 되고 어머니의 하나님이 나의 하나님이 되시리니"

많은 사람들이 룻기를 보아스와 룻의 낭만적인 사랑 이야기 정도로 생각합니다. 그러나 룻기는 훨씬 그 이상의 것입니다. 그것은 인류를 향한 하나님의 사랑과 구속의 이야기입니다. 룻기에는 수많은 하늘의 보화가 숨겨져 있습니다. 이 책은 어두운 밤 하늘에 밝게 빛나는 별과 같고, 인간의 부패한 진흙탕 속에서 빛나는 보석과 같습니다.

룻기는 이스라엘 역사상 가장 어두운 시기 중 하나였던 사사 시대에 있었던 이야기입니다. 사람들은 하나님이 자기들을 버리셨다고 생각하고 희망을 가질 수 없었습니다. 그러나 실상은 하나님께서 세상에서 별 볼일 없는 한 과부와 멸시받는 한 이방 여인을 주목하시고 그들을 통해 역사하고 계셨습니다. 특히 한 이방 여인의 믿음을 통해 하나님은 온 세상에 구원을 가져올 메시아의 그림자인 다윗 왕을 보내주시고자 준비하고 계셨습니다.

우리가 살고 있는 시대는 어떤 점에서 사사 시대와 같습니다. 사람들은 자기의 소견에 옳은 대로 행하고, 도덕적 타락과 무법이 판치고 있습니다. 때로 우리는 이러한 시대에 믿음으로 산다는 것이 무슨 의미가 있을까 하는 회의에 사로잡힙니다. 그때 우리는 비전을 상실하게 되고 우리의 열정은 식어버립니다. 우리는 룻기 공부를 통해 하나님께서 믿음을 가장 귀하게 여기시고, 또 시대가 아무리 어두울지라도 믿는 한 사람, 혹은 작은 믿음의 공동체를 통해 역사하고 계신다는 것을 배울 수 있습니다. 이 시간 하나님의 사랑이 한 분 한 분을 감동시키사 새로운 믿음의 결단을 할 수 있기를 기도합니다.

첫째, 모압으로 이주한 엘리멜렉의 가족 (1-5).

룻기는 "사사들이 치리하던 때에…"라는 말로 시작합니다(1a). 사사 시대는 여호수아의 죽음 이후부터(주전 1375년?) 사울이 이스라엘의 초대 왕으로 등극할 때까지입니다(주전 1051년). 어떤 학자들은 주전 1290년에 에훗이 사사로 있을 때의 일이라고 하고, 다른 학자들은 주전 1115년, 야일이 사사로 있을 때 일어난 사건이라고 합니다. 우리는 이 사건이 언제 일어났는지 정확히 알 수 없지만 한 가지 분명한 것은 사사들이 다스리던 때라는 것입니다. 사사기는 그 시대의 특징을 이렇게 말합니다. "그때에는 이스라엘에 왕이 없었으므로 사람마다 자기 소견에 옳은 대로 행하였더라"(삿 17:6; 21:25; cf. 18:1; 19:1). 사사시대는 한마디로 하나님께 신실하지 못한 불신앙의 시대였습니다. 하나님은 이런 불신앙의 시대에 한 신실한 이방 여인에게 주목하시고 그녀를 통해 놀라운 역사를 계획하고 계셨습니다.

1절은 그 땅에 흉년이 들었다고 말합니다. 고대에는 한 나라의 국가의 경제는 농업에 의존했습니다. 기근은 사람들의 생존에 심각한 위협이 되었습니다. 이 흉년은 이스라엘이 하나님께 돌아오도록 하시기 위해 죄에 대한 하나님의 심판이었습니다(신 28:38-40). 유다 베들레헴의 한 사람이 그의 아내와 두 아들을 데리고 모압 지방에 가서 거류하였습니다(1b). 그의 이름은 엘리멜렉이고 그의 아내의 이름은 나오미요 그의 두 아들의 이름은 말론과 기룐이었습니다(2). 그들은 유다 베들레헴 에브랏 사람들이었습니다(2a). 에브랏은 베들레헴의 옛 이름입니다(창 35:19; 삼상 17:12; 미가 5:2).

룻기에서 이스라엘과 모압과의 관계를 이해하는 것은 중요합니다. 모압 사람들은 롯의 딸들이 아버지와 근친상간으로 낳은 아들의 후손입니다(창 19:30-38). 이스라엘 백성이 출애굽 한 후 모압 왕 발락은 그들이 자기 땅을 지나가는 것을 허락하지 않았습니다. 오히려 그는 발람을 통해 그들을 저주하려고 했습니다(민 22-24장). 그러나 하나님은 그 저주를 축복으로 바꾸셨습니다. 후에 모압 여자들이 이스라엘 남자들을 꾀어 음행하며 자기들의 신들에게 절하도록 했습니다. 이로 인해 죄를 범한 이스라엘 남자들은 모두 죽었습니다(민 25장). 그 후로 모압 사람들은 여호와의 회중에 들어오지 못했습니다(신 23:3-6). 사사 시대 초기에 모압왕 에글론이 강성하여 18년간 이스라엘을 학대했습니다(삿 3:12-14). 이스라엘과 모압 사람 사이에는 뿌리깊은 적대 감정이 있었습니다. 모압은 엘리멜렉의 가족들이 기근을 피해 가야할 적절한 장소가 아니었습니다.

흉년의 때에 그들은 자신들과 백성의 죄를 회개하고 하나님의 훈련의 사랑을 영접해야 했습니다. 아마도 그들은 하나님의 훈련을 피하기 위해 약속의 땅을 떠났던 것 같습니다. 하나님은 그들이 모압으로 간 것을 기뻐하지 않으셨습니다. 가장 먼저 나오미의 남편이 죽었습니다(3).

나오미는 가장이 되었고 두 아들만 남았습니다. 남편의 죽음은 그들이 회개하고 약속의 땅으로 돌아가도록 하시는 하나님의 경고였습니다. 그러나 나오미는 두 아들에 대한 희망을 붙들고 하나님의 경고를 받아들이지 않았습니다. 그녀는 이스라엘 사람들이 모압 이방 사람들과 통혼하지 말라는 율법을 알았을 것입니다(신 7:3-4). 게다가 그녀는 율법에서 모압 사람들이 여호와의 총회에 들어오는 것을 금지한다는 것도 알았을 것입니다(신 23:3-6). 그런데도 그녀는 두 아들들이 모압 여인 오르바와 룻과 결혼하도록 도왔습니다.

결혼 후 그들은 10년 동안 모압 땅에 거주하였습니다(4). 그러나 그들에게 자식이 없었습니다. 이것은 하나님이 기뻐하시지 않는다는 또 다른 징조였습니다(신 28:18). 나오미는 다시 이를 무시했습니다. 그러자 두 아들이 죽었습니다. 두 아들이 이처럼 한꺼번에 죽는 것은 드문 일이었습니다. 그녀는 한 아들이 죽으면 다른 아들이 있다고 생각할 수도 있었습니다. 그러나 두 아들이 다 죽어버리는 절망적인 상황이 발생했습니다. 자식이 죽을 때 땅에 묻는 것이 아니라 어머니의 가슴에 묻는다는 말이 있습니다. 졸지에 그녀는 모든 것을 다 잃고 황폐하게 되었습니다.

그 당시 여자들은 항상 가족 중에서 남자들을 의지했습니다. 그런데 나오미는 이제 의지할 남자가 없었습니다. 그녀는 나이가 들었고 상속자에 대한 희망이 사라졌습니다. 그녀의 인생은 이제 끝난 것처럼 보였습니다. 누가 그녀의 형편을 이해할 수 있겠습니까? 많은 사람들이 수치와 실패와 절망의 때에 자기 생명을 끊어버립니다. 그러나 나오미는 어떻게 했습니까?

둘째, 나오미가 베들레헴으로 돌아온 동기 (6-7).

6-22절에서 가장 많이 반복되는 단어가 '돌아오(가)다'라는 단어(6,7,8,10,11,12,15[2],16,21,22)와 '여호와, 하나님, 전능자'라는 단어라는 것을 알 수 있습니다(6,8,9,13,16[2],17,20,21[3]). 이 중심 단어들은 본문을 이해하는 데 매우 중요합니다.

먼저 나오미가 베들레헴으로 돌아왔다는 것에 대해 생각해 보겠습니다. 우리는 나오미가 베들레헴으로 돌아오게 된 동기가 무엇인지 생각해 볼 필요가 있습니다. 1절과 20-21절에서 그녀가 한 말에 귀를 기울여 봅시다. "여호와의 손이 나를 치셨으므로", "전능자가 나를 심히 괴롭게 하셨음이니라", "여호와께서 내게 비어 돌아오게 하셨느니라", "여호와께서 나를 징벌하셨고", "전능자가 나를 괴롭게 하셨거늘…" 언뜻 듣기에는 이 말이 불평하는 소리처럼 들립니다. 대개 마음에 쓴 뿌리가 있는 사람은 누구를 만나든 시도때도 없이 불평을 쏟아냅니다. 나오미는 마음에 쓴 뿌리가 가득하여 두 며느리들과 마을 사람들에게 불평을 쏟아내는 것처럼 보입니다.

그러나 이 말들은 나오미가 고난을 통한 하나님의 훈련을 깊이 영접했음을 표현한 것입니다. 그녀의 삶은 쓰고 힘들었지만 하나님께 쓴 뿌리를 품지는 않았습니다. 만일 나오미에게 하나님께 대한 쓴 뿌리가 있었다면 왜 그녀는 자기 백성에게 돌아가려고 했을까요? 또한 그녀가 하나님께 쓴 뿌리가 있었다면 어떻게 룻이 아무런 이익도 없는데 전 인생을 희생하면서 그녀를 따르겠다고 할 수 있을까요? 우리는 나오미가 베들레헴으로 돌아온 데에는 경건한 동기가 있었음을 알 수 있습니다.

그러면 나오미가 돌아온 동기가 무엇이었을까요? 6절은 말합니다. "여호와께서 자기 백성을 돌보시사 그들에게 양식을 주셨다 함을 듣고 이에 두 며느리와 함께 일어나 모압 지방에서 돌아오려 하여" 이는 좋은 소식이었습니다. 흉년은 그들의 죄에 대한 하나님의 심판이었지만, 풍년은 하나님께서 긍휼히 여기심으로 축복과 풍족의 때가 왔음을 말해 줍니다. 이를 통해 나오미는 하나님은 심판의 하나님이실 뿐만 아니라 사랑과 은혜의 하나님이심을 깨달았습니다.

우리는 이를 1장 8절과 2장 20절에서 그 근거를 찾을 수 있습니다. 1장 8절에서 나오미는 "여호와께서 너희를 선대하시기를 원하며"라고 그녀의 두 며느리를 축복합니다. 여기서 '선대'라는 단어가 중요합니다. 이 단어는 히브리어로 '헤세드'라는 단어를 번역한 것입니다. 이 단어는 언약과 관계된 단어로 하나님의 성품인 충성심과 신실하심, 선하심과 자비, 인애, 실패치 않는 사랑을 나타냅니다. 이 단어는 때로 '변하지 않는 사랑' 또는 '다함이 없는 사랑'이라고 번역됩니다. 그 말은 사랑에 희생과 헌신을 결합시킨 개념입니다. 헤세드는 '출구전략'이 없는 사랑, 즉 일방적인 사랑입니다.

헤세드의 사랑으로 사랑할 때 사람이 어떤 반응을 하든지 간에 자기 자신을 사랑의 대상에 묶어 버립니다.[1] 이는 아버지가 무조건적이고 실패함이 없는 사랑으로 둘째 아들 탕자를 사랑한 것과 같습니다(눅 15:20-27). 비록 그의 아들은 반역했을지라도 아버지는 여전히

1 Paul E. Miller, *A Loving Life* (Wheaton: Crossway, 2014), p. 24.

아들을 사랑하여 아들이 돌아오기를 간절히 기다리고, 돌아왔을 때 열렬히 환영하고 관계성을 회복시켰습니다. 누가 이렇게 사랑할 수 있겠습니까? 이런 사랑은 하나님께로부터 옵니다. 하나님은 이 사랑 때문에 독생자를 우리의 화목 제물로 보내주셨습니다. 로마서 5장 8절은 말합니다. "우리가 아직 죄인 되었을 때에 그리스도께서 우리를 위하여 죽으심으로 하나님께서 우리에 대한 자기의 사랑을 확증하셨느니라."

헤세드의 사랑이 왜 그렇게 중요합니까? 많은 사람들이 사랑은 감정과 같아서 감정이 변하듯이 사랑도 변한다고 합니다. 감정은 왔다 갔다 합니다. 열정도 밀물처럼 왔다가 썰물처럼 물러갑니다. 이 때문에 많은 사람들이 감정에 기초한 사랑에 상처를 받습니다. 그러나 헤세드의 사랑은 감정 이상입니다. 이는 헌신입니다. 이 사랑은 결코 변하지 않습니다.

나오미가 하나님께서 자기 백성에게 양식을 주셨다 함을 들었을 때 그녀는 하나님이 자기 백성과 그녀의 가족을 버리지 않으셨다는 것을 깨달았습니다. 그녀는 하나님의 헤세드의 사랑에 깊이 감동을 받았습니다. 그랬기 때문에 나오미는 오르바와 룻을 이 사랑으로 축복할 수 있었습니다.

우리는 나오미가 하나님의 사랑과 은혜를 깨닫게 되었다는 또 다른 근거를 2장 20절에서 발견할 수 있습니다. 나오미는 보아스가 룻에게 어떻게 호의를 베풀었는지에 대해 들었을 때, 그녀는 "하나님은 살아 있는 자와 죽은 자에게 은혜 베풀기를 그치지 아니한다"고 고백했습니다. 여기서 '은혜'는 '헤세'드'를 가리킵니다. 나오미는 하나님의 사랑은 실패가 없고 변함이 없음을 깨달았습니다. 그녀는 하나님의 사랑 안에서 희망을 발견했습니다. 그녀는 하나님께서 그녀의 삶에 간섭하고 계심을 깊이 인식했습니다. 그녀의 열매 없는 상황과 완전한 실패는 우연히 일어난 사건이 아니라 하나님의 깊은 사랑의 표현이었습니다. 나오미는 하나님께서 사랑하시는 자를 훈련하신다는 것을 깨달았습니다(히 12:6). 그녀의 베들레헴으로의 귀환은 하나님께 대한 항복이었습니다. 이는 그녀의 신실한 회개였습니다.

셋째, 두 며느리에 대한 나오미의 진정한 사랑 (8-15).

나오미가 하나님의 헤세드의 사랑에 감동된 것은 두 며느리를 대하는 데서 잘 나타났습니다. 이제 나오미가 두 며느리들을 자신들의 고향으로 돌아가도록 어떻게 설득했는가를 살펴보겠습니다. 나오미가 베들레헴으로 돌아가고자 결심했을 때 며느리들도 그녀와 함께 갔습니다. 고대 근동의 전통에 의하면 며느리들은 일생 동안 시머어니 밑에서 종과 같이 살아야 했습니다.[2] 처음에 나오미는 며느리들이 베들레헴에 가면 그들에게 어떤 일이 일어날지 깊이 생각하지 않았습니다. 그러나 그들이 길을 갈 때 나오미는 며느리들의 삶이 매우 힘들 것이라는 것을 깨달았습니다. 그들은 율법에 기초한 이스라엘 문화를 감당할 수 없을 것입니다. 그들이 결혼할 가능성 또한 매우 희박합니다. 그들을 베들레헴으로 데리고 가는 것은 그들의 미래를 빼앗는 것이었습니다. 그래서 나오미는 그들에게 자신들의 고향으로 돌아가도록 설득하기 시작했습니다(8-18). 그녀는 세 번을 설득했습니다.

나오미의 첫 번째 설득은 8-9절에 잘 나와 있습니다. 그녀는 하나님

2 Ibid., p. 23.

의 축복으로 그들을 보내려고 하였습니다. 나오미는 8절에서 하나님의 헤세드의 사랑으로 그들을 축복했습니다. 오르바와 룻이 죽은 남편과 나오미를 섬기기 위해 자신들을 헌신한 것과 같이, 여호와께서 그들을 축복하시고 함께 하셔서 그들을 선대해 주시기를 원한다는 것입니다. 다시 말해서 그들이 모압에 머물지만 하나님께서 그들을 보호해 주시고 믿음으로 살도록 도우실 것이라는 것입니다. 나오미의 믿음은 놀랍습니다. 그녀는 오르바와 룻이 모압에서 살지라도 여호와께서 그들의 하나님이 되셔서 그들을 축복하실 것을 믿었습니다.

고대의 사람들은 신의 통치는 자기 지역에 국한된다고 생각했습니다. 그들은 모압의 신 그모스가 모압에서는 강하지만 모압을 벗어나서는 약해진다고 생각했고, 여호와 하나님도 마찬가지로 생각했습니다. 그러나 나오미는 여호와께서 지역에 국한된 신이 아니라 온 세상을 통치하시는 하나님이심을 믿었습니다. 하나님은 어느 곳에 살든지 믿음으로 사는 자를 축복하시는 분이심을 믿었습니다.

두 번째 축복은 다른 남편을 얻어 그 집에서 위로받게 하시기를 원하는 것이었습니다. '위로받는다'는 말은 정착이 주는 안정과 '샬롬' 곧 평화를 의미합니다. 나오미는 오르바와 룻이 좋은 남편을 만나 아이를 갖고 사랑하고 사랑받으면서 열매 맺고 행복한 인생을 살기를 원했습니다. 이 축복은 나오미가 그들을 얼마나 진정으로 사랑했는가를 말해 줍니다.

나오미가 그들을 모압으로 돌려보내는 것은 쉬운 일이 아니었습니다. 그것은 나오미가 홀로 남는 것을 의미했습니다. 절망적인 상황에서 누군가가 그녀와 함께 있다면 그것은 매우 힘이 될 것입니다. 두 며느리들은 기꺼이 그녀를 따르고자 했습니다. 그들을 돌려보낼 하등의 이유가 없는 것 같습니다. 그러나 나오미는 그녀 자신보다 며느리들의 행복을 더 생각했습니다. '돌아가라'는 것은 권면이 아니라 명령이었습니다. 이런 식으로 나오미는 오르바와 룻에게 자유와 희망과 미래를 선물했습니다.

10절은 오르바와 룻의 첫 번째 반응입니다. 그들은 소리를 높여 울며 말했습니다. "아니니이다 우리는 어머니와 함께 어머니의 백성에게로 돌아가겠나이다." 그들은 나오미의 진정한 사랑에 감동을 받았습니다. 그들이 이스라엘로 가는 것은 쉬운 일이 아니었지만 기꺼이 나오미를 따라 나오미의 백성과 함께 살고자 했습니다.

나오미는 그들이 자신을 기꺼이 따르겠다고 했을 때 환영하고 "그래! 같이 가자. 함께 같이 살 방법을 찾아 보자꾸나."라고 말하기 쉬웠습니다. 그러나 나오미는 그들이 모압으로 돌아가야 한다고 설득하기로 굳게 결심했습니다.

그녀의 두 번째 시도는 훨씬 더 설득력이 있습니다. 그녀는 분명한 이유를 제시합니다. 무엇보다 어떤 이스라엘 사람도 자기 아들을 모압 여인과 결혼하도록 하지 않을 것이라는 것입니다(11). 오직 나오미만이 율법에 기초해서 자기 아들을 남편으로 줄 수 있었습니다(신 25:5-10). 그러나 나오미는 결혼을 하기에는 너무 늙었습니다(12a). 설령 오늘 밤에 남편을 두어 쌍둥이 아들들을 낳는다 하더라도 그들이 결혼할 나이 만큼 장성하기까지는 오랜 세월이 걸릴 것입니다(12b-13a). 그래서 오르바와 룻은 결혼에 대한 희망을 가질 수 없었습니다. 그러나 그들이 모압으로 돌아가면 재혼할 수 있었습니다.

나오미는 그들에게 말합니다. "나는 너희로 말미암아 더욱 마음이 아프도다." 나오미는 같은 과부로서 아픔을 나눌 수 있는 깊은 사랑의 연대감을 가지고 있었습니다. 그러나 나오미의 상황은 그들의 상황보다 더 고통스러웠습니다. 왜냐하면 여호와의 손이 그녀를 치셨기 때문입니다. 그녀는 며느리들이 자기와 같이 하나님의 훈련을 받기를 원치 않았습니다(13b). 그녀는 "너희들은 하나님이 훈련하시는 사람과 같이 있기를 정말로 원하느냐?"라고 말하고 있었습니다.

오르바와 룻은 다시 나오미의 진정한 사랑에 감동되어 소리를 높여 울었습니다(14). 이번에는 오르바가 설득되어 나오미에게 작별의 인사를 했습니다. 오르바의 반응은 아주 정상입니다. 반면 룻은 제정신이 아니었습니다. 룻은 고집스럽게도 나오미를 붙들었습니다. 나오미로서는 절반의 성공이었습니다.

나오미는 룻에게 세 번째로 설득을 합니다. 이번에는 동료 집단의 사회적 압박감(peer pressure)과 종교적 문화적 차이를 근거로 설득했습니다. 그녀는 말했습니다. "보라 네 동서는 그의 백성과 그의 신들에게로 돌아가나니 너도 너의 동서를 따라 돌아가라"(15). 나오미가 이렇게 말하는 것은 오르바가 모압의 신들을 숭배할 것이라는 것을 의미하는 것이 아니라, 그녀가 편안함을 느끼는 문화 속에서 살아갈 것을 말한 것입니다. 룻이 오르바와 같이 행하였다면 룻의 삶은 훨씬 더 쉬웠을 것입니다.

나오미는 정말로 훌륭한 시어머니였습니다. 그녀는 자기 연민에 빠지지 않고 룻에 대해 걱정했습니다. 그녀는 자신의 미래보다 룻의 미래를 더 걱정했습니다. 이런 이타적인 헤세드의 사랑은 나오미의 인생을 특징 지으며, 룻이 그녀를 좇도록 강하게 끄는 힘이었습니다. 이는 하나님의 사랑의 힘이었습니다.

넷째, 룻의 결단의 동기 (16-22).

16-17절에서 룻은 대답했습니다.

서두: 내게 어머니를 떠나며 어머니를 따르지 말고 돌아가라 강권하지 마옵소서.

첫째 연: 어머니께서 가시는 곳에 나도 가고 어머니께서 머무시는 곳에서 나도 머물겠나이다.

둘째 연: 어머니의 백성이 나의 백성이 되고 어머니의 하나님이 나의 하나님이 되시리니

셋째 연: 어머니께서 죽으시는 곳에서 나도 죽어 거기 묻힐 것이라.

결말: 만일 내가 죽는 일 외에 어머니를 떠나면 여호와께서 내게 벌을 내리시고 더 내리시기를 원하나이다.

룻의 대답은 히브리 시의 형태를 취합니다. 이는 '평행대구'라고 하는 이중 형태를 사용한 것으로 시편과 잠언에서 영향을 받은 것 같습니다. 그러나 시의 형태보다 더 놀라운 것은 그 내용입니다.

서두에서 룻은 어머니를 떠나 모압으로 돌아가라고 강권하지 마시도록 단호하게 말합니다. 룻이 모압으로 돌아가면 새 인생을 시작할 수 있지만 룻은 자기를 생각하지 않았습니다. 오히려 홀로 남게 될 시어머니를 생각했습니다. 나오미가 자기를 생각하지 않고 두 며느리들의 장래를 생각한 것 같이, 룻도 자기를 생각하지 않고 어머니의 안녕을 생각했습니다. 한마디로 룻은 시어머니를 불쌍히 여겼습니다. 이는 단지 인간적인 연민의 정이 아니라 긍휼히 여기는 마음입니다. 이 긍휼히 여기는 마음은 우리 그리스도인이 가져야 할 품성입니다. 에베소서 4장 32절은 말합니다. "서로 친절하게 하며 불쌍히 여기며 서로 용서하기를 하나님이 그리스도 안에서 너희를 용서하심

과 같이 하라."

첫째 연에서 룻은 어머니가 어디를 가든지 또 어디에 머물든지 그림자와 같이 따라다니겠다고 합니다. 자신과 어머니의 인생이 생명으로 결탁되어 있다는 것입니다. 이는 결혼 서약과 같이 무조건적인 헌신입니다. 이는 룻이 어느 정도 헌신하다가 상황에 따라서 바꾸는 것이 아니라 어떤 상황에서도 생명이 끝나는 날까지 온전히 헌신하겠다는 것입니다.

둘째 연에서 룻은 나오미의 세계와 나오미의 백성과 나오미의 하나님께 자신을 맡깁니다.

셋째 연에서 룻은 자신이 왜 그토록 나오미에게 헌신적인지를 설명합니다. 룻이 첫 두 연만 말하고 멈추었다면 아마도 그녀는 나오미가 죽은 후에 자기 백성에게 돌아갈 수 있을 것입니다. 그러나 셋째 연에서 룻은 나오미가 죽은 후라 할지라도 하나님께 헌신하겠다고 합니다.

결말에서 룻은 "만일 내가 죽는 일 외에 어머니를 떠나면 여호와께서 내게 벌을 내리시고 더 내리시기를 원하나이다"라고 말했습니다(17). 이는 여호와 앞에서 개인적으로 하는 맹세의 일종입니다. 이는 룻이 여호와를 인격적으로 만나 나의 하나님으로 영접했음을 말해줍니다. 이는 이스라엘의 하나님에 대한 깊은 이해에서 나온 것입니다 그녀는 하나님을 '주님', 히브리어로 '여호와'라고 말합니다. '여호와'는 '자존자', '알파와 오메가', '처음과 나중', '유일하신 참 하나님'이라는 뜻입니다. 여호와는 인간이 만든 다른 신들과 구별됩니다.

모압의 주신은 그모스인데(민 21:29) 자녀들을 희생 제물로 요구했습니다. 예를 들면 모압 왕이 전투에서 패배하게 되었을 때 그는 왕이 될 맏아들을 번제로 드렸습니다(왕하 3:27). 우상 숭배는 도덕적 타락과 강포한 문화를 낳습니다. 룻은 우상 숭배로 인하여 끔찍한 환경에서 살아야 했습니다. 동시에 그녀는 나오미를 만날 때까지 이스라엘의 하나님이 어떤 분인지 알지 못했습니다. 아마도 룻은 이스라엘의 하나님에 대해 부정적인 견해를 가지고 있었을 것입니다.

그러나 룻은 시어머니와 함께 살면서 이스라엘의 하나님이 어떤 분이신지 체험하였습니다. 이스라엘의 하나님은 살아계시고 거룩한 분이십니다. 무엇보다도 사랑과 은혜의 하나님이십니다. 룻은 이 하나님만이 참 하나님이심을 깨달았습니다. 이 하나님을 만났을 때 룻의 마음에는 어느 누구도 앗아갈 수 없는 깊은 평화가 찾아왔고 참된 영혼의 안식을 누릴 수 있었습니다. 룻은 나오미가 그토록 훌륭한 시어머니가 된 것도 이 하나님께 대한 믿음 때문임을 깨달았습니다. 그녀는 이 하나님과 계속적으로 관계성을 맺기 위해 나오미를 따르기를 원했습니다. 그녀는 이 하나님을 알고 실제 삶에서 하나님의 사랑과 은혜를 깊이 체험하기를 원했습니다. 한마디로 룻은 참 하나님을 발견하고 하나님이 얼마나 귀한 분이신지 깨달았습니다. 이 때문에 그녀는 이 하나님을 따르기 위해 자신의 전 생애를 기꺼이 투자하고자 한 것입니다(마 13:44). 이것이 룻이 나오미를 따르고자 결심한 근본 이유입니다.

나오미는 집요했지만 룻은 더 집요했습니다. 룻은 나오미를 따르기로 결심했고 뒤돌아 보지 않았습니다. 그것은 인생을 바꾼 결심이었습니다. 우리가 큰 결단을 할 때 거기에는 가치판단이 작용합니다. 사람들은 대개 자기에게 가장 유익이 될 때 결단합니다. 아무 유익이 없는데 대가를 치루고자 하지 않습니다. 그러나 룻은 아무런 유익이 없는데도 자신의 전 인생과 장래를 투자하고자 했습니다. 이는 인간적으로 볼 때 매우 어리석은 일입니다. 아니 미친 짓입니다. 그러나 룻은 참 하나님을 만났고 이 하나님을 계속적으로 따르기를 원했습니다. 실상은 하나님의 헤세드의 사랑이 룻으로 하여금 나오미를 따르도록 강권한 것입니다.

나오미는 조용히 룻의 결단에 반응했습니다. 아마도 깊은 감동을 받았기 때문에 말이 필요 없었습니다. 룻도 아무 말 없이 조용히 나오미와 함께 베들레헴까지 왔습니다. 그들이 도착했을 때 온 성읍 사람들이 그들로 인해 떠들썩했습니다(19). 성읍 사람들 특히 여인들이 "이 이가 나오미냐?"하며 환영했습니다. 동시에 그들은 "그녀와 함께 한 이 모압 여인은 누구지?"하고 의아해했습니다. 나오미는 그들에게 "나를 나오미라 부르지 말고 나를 마라라 부르라"고 말했습니다. 나오미는 '기쁘다'는 뜻이고 마라는 '쓰다'는 뜻입니다. 그녀는 자신의 삶이 왜 쓰게 되었는지 설명했습니다. 이는 하나님의 사랑에서 나온 연단 때문이었습니다. 그녀는 하나님의 거룩한 사랑이 그녀의 믿음을 순수하게 했음을 깨달았습니다.

2-4장에서 우리는 하나님께서 룻의 믿음의 결단을 어떻게 축복하셨는지를 볼 수 있습니다. 하나님은 보아스와 룻이 언약의 관계를 맺도록 주관하셨습니다. 보아스는 룻과 결혼함으로 나오미 가족의 기업 무를 자가 되었습니다. 모든 마을 사람들이 룻을 그들의 공동체의 일원으로 환영하고 마음으로부터 축복해 주었습니다. 모든 사람들이 하나님께서 룻을 통해 새로운 역사의 장을 시작하고 계심을 깨달았습니다.

하나님의 축복은 상상 그 이상이었습니다. 룻은 다윗 왕의 증조할머니가 되었고(4:21), 메시아의 족보에 들어가게 되었습니다(마 1:5). 여기서 우리는 하나님의 헤세드의 사랑이 얼마나 강력하고 영향력이 있으며 축복된가를 알 수 있습니다.

하나님은 절대 주권자가 되십니다. 우리 시대는 사사 시대와 매우 비슷합니다. 우리는 어둠의 세력에 짓눌려 절망하기 쉽습니다. 그러나 주권자 하나님은 회개하고 구속 역사를 섬기기 위해 자신의 삶을 주님께 드린 소수의 사람들의 삶 속에 역사하십니다. 우리는 매일의 삶에서 여러 가지 결단을 해야 합니다. 때로 우리는 생애를 바꾸는 중요한 결단을 해야 합니다. 그 순간 하나님을 바라보고 하나님이 우리에게 원하시는 것을 행할 수 있도록 결단할 수 있기를 기도합니다. 그러면 하나님께서 틀림없이 우리를 축복하시고 가장 좋은 길로 인도하실 것입니다. 하나님의 헤세드의 사랑을 영접함으로 마음에 참 평화와 안식을 얻고, 하나님을 섬기기 위해 새로운 믿음의 결단을 할 수 있기를 기도합니다.

네게 온전한 상 주시기를 원하노라

"여호와께서 네가 행한 일에 보답하시기를 원하며 이스라엘의 하나님 여호와께서 그의 날개 아래에 보호를 받으러 온 네게 온전한 상 주시기를 원하노라 하는지라."

1장에서 우리는 나오미와 룻이 어떻게 베들레헴으로 돌아가기로 결심했는지를 배웠습니다. 나오미가 이스라엘로 돌아가겠다는 결단은 하나님께로 돌이킨 진정한 회개의 표현이었습니다. 우리는 또한 룻이 나오미를 따르기로 결단한 것은 하나님의 변함없는 사랑 때문이라는 것을 배웠습니다. 룻은 눈에 보이는 아무런 이익이 없었음에도 불구하고 나오미를 붙좇았습니다. 사실 그녀는 하나님을 따른 것이었습니다. 그녀는 하나님을 더 친밀하게 알기 위해 하나님을 간절히 찾은 것이었습니다.

룻의 결단은 훌륭했지만 그녀가 현실을 살아가는 것은 쉽지 않았습니다. 룻이 이스라엘에 이르렀을 때 그녀는 완전한 이방인이었습니다. 그녀에게는 나오미 외에는 친구도 가족도 없었습니다. 룻은 고국을 떠나 모압 사람들과 여자들을 멸시하는 매우 율법주의적인 문화 속에 들어가게 되었습니다. 룻이 어떻게 이 가운데에서 살 수 있었을까요? 오늘 우리는 하나님께서 룻을 어떻게 인도하시고 축복하셨는지 배울 수 있습니다. 여기서 하나님께서 어떻게 역사하셨는가에 관해서는 구체적으로 언급되어 있지 않지만, 이 모든 것을 주관하신 분은 하나님이셨습니다.

본문은 주로 풍부한 이야기가 담긴 보아스와 룻(1-18), 나오미와 룻(19-23)의 두 대화로 구성되어 있습니다.

먼저 보아스와 룻의 대화를 살펴보겠습니다(1-18). 1절은 독자들에게 보아스를 소개하는 저자의 코멘트입니다. "나오미의 남편 엘리멜렉의 친족으로 유력한 자가 있으니 그의 이름은 보아스더라." 이 구절은 보아스가 누구이며 그가 나오미와 어떤 관계가 있는지를 말해 줍니다. '유력한 자'라는 말은 문자적으로 '용감한 용사'라는 의미를 가진 히브리어에서 유래했습니다. '용사'라는 단어는 기드온과 입다에 대해서도 사용되었습니다(삿 6:12, 11:1). 보아스는 용감한 용사였고 지역 사회에서 유능했으며 모범적인 삶을 살았습니다. 그는 나오미의 죽은 남편 엘리멜렉의 친족이었고, 이 사실은 그가 기업 무를 자의 자격을 갖추고 있음을 말해 줍니다.

2절은 룻이 어떻게 솔선하여 나오미를 돌보았는지 말해 줍니다. 룻은 어디로 가야 할지, 무엇을 해야 할지 몰랐습니다. 그러나 그녀는 시어머니에게 의존하지 않았습니다. 오히려 그녀는 방법을 찾으려고 노력했습니다. 그들이 보리 수확이 시작되는 시점에 도착했기 때문에, 룻은 밭에 가서 추수꾼 뒤에 남은 이삭을 주울 수 있다는 생각을 하게 되었습니다.

우리는 이스라엘에서 이삭줍기가 무엇을 의미했는지 이해할 필요가 있습니다. '이삭을 줍는다'라는 단어는 본문에서 12번 나옵니다(2,3,7,8,15[2],16,17[2],18,19,23). 이는 추수꾼이 남긴 곡식이나 다른 수확물을 모으는 것을 뜻합니다. 율법에서 하나님은 추수 때에 자기 백성에게 가난한 자와 이방인을 위해 곡식을 거둘 때에 그들이 이삭을 주울 수 있도록 남겨두라고 말씀하셨습니다(레 19:9-10). 이는 소외된 자들을 향한 하나님의 긍휼이 어떠한가를 보여줍니다.

룻은 이삭을 줍는 이스라엘의 문화를 알고 있었고, 누군가에게 이삭을 주울 수 있는 은혜 받기를 소원했습니다. 그러나 그녀는 해를 당할 위험도 있었습니다. 그럼에도 불구하고 그녀는 시어머니를 부양해야 할 책임감을 느꼈습니다. 진정한 사랑은 용기와 창의성을 낳습니다.

룻은 나오미의 허락을 받고 그 지역이 전혀 익숙한 곳이 아니었지만 담대히 나갔습니다. 아마도 그녀는 하나님께서 인도해 주시도록 기도했을 것입니다. 그녀는 어느 밭에 들어가 이삭을 줍기 시작했습니다. 그런데 그 밭은 놀랍게도 보아스의 밭이었습니다(3). 어떻게 그 많은 밭 가운데 보아스의 밭에 가게 되었을까요? 룻은 이를 전혀 모르고 갔지만 하나님은 그의 계획에 따라 룻을 적시에 적절한 장소로 인도하셨던 것입니다. 이것은 자신을 온전히 하나님께 맡기는 자들에게 주시는 하나님의 은혜입니다.

4절은 '보라(Behold, KJV, ESV)'라는 말로 시작합니다. 이는 바로 그 때 보아스가 도착한 것은 이례적인 일임을 말해 줍니다. 그것은 하나님의 인도하심이었습니다. 사람들은 하나님의 축복으로 서로 인사했습니다. "여호와께서 너희와 함께 하시기를 원하노라!" "여호와께서 당신에게 복 주시기를 원하나이다!" 그들은 극심한 기근을 겪고 난 후 땅에 복을 주신 하나님의 은혜를 깨닫고 여호와께 감사하고 서로를 축복하였습니다.

이 구절을 주의 깊게 관찰해 보면 우리는 그 시대의 사회적 계층 구조를 발견할 수 있습니다. 그 구성원들은 지주, 추수꾼들을 책임 맡은 사환(감독), 추수꾼들, 하인들, 이삭을 줍는 여인들, 그리고 이방인들었습니다. 이를 볼 때 룻은 이스라엘에서 가장 소외된 사람이었습니다. 그녀는 매우 가난한 이방인 모압 과부였고, 반면 보아스는 이스라엘에서 유력한 자요 부요한 지주로서 존경받는 사람이었습니다.

그들 사이의 사회적 격차는 도저히 깰 수 없을 것 같습니다. 그것은 마치 대기업의 CEO가 야간 청소 직원을 만나는 것과 같을 것입니다. 일반적으로 CEO는 그러한 사람들이 누구인지 전혀 알지 못할 뿐 아니라 관심을 가지지도 않습니다. 그러나 보아스는 달랐습니다. 보아스는 자기 밭에서 일하고 있는 이름 모를 젊은 여자를 주목했습니다(5). 이것은 그가 가족을 책임지는 아버지처럼 차별 없이 종들을 보살폈다는 것을 말해줍니다.

보아스가 정체를 알 수 없는 여인에 대해 물었을 때, 추수꾼을 책임진 감독이 "이는 나오미와 함께 모압 지방에서 돌아온 모압 소녀인데 그의 말이 나로 베는 자를 따라 단 사이에서 이삭을 줍게 하소서 하였고 아침부터 와서는 잠시 집에서 쉰 외에 지금까지 계속하는 중이니이다"라고 대답하였습니다(6-7). 우리는 보아스가 "아, 알겠습니다."라고 말하면서 그녀가 계속 일하도록 무언의 허락을 하는 것으로 충분하다고 예상할 수 있습니다. 그러나 그는 남다른 특별한 일을 함으로 예상을 뛰어넘는 반응을 보였습니다.

8-13절은 보아스와 룻의 대화입니다. 이 대화는 그들이 주는 사람과

받는 사람으로서의 성격을 어떻게 드러냈는지 잘 보여줍니다.

먼저 주는 자로서의 보아스의 인격에 대해 생각해 봅시다. 주는 사람이 된다는 것은 우리가 상상하는 것보다 훨씬 어렵습니다. 주는 사람의 태도가 생색을 내는 것이면 받는 사람이 기분이 상할 수 있습니다. 어떻게 주는가 하는 것은 큰 차이를 나타냅니다. 보아스는 주는 사람으로서 우리에게 좋은 본이 됩니다.

우선 보아스가 먼저 말을 걸었습니다. 보아스는 룻에게는 다가갈 수 없는 존재였습니다. 보아스가 먼저 말을 걸지 않으면 그녀는 그와 결코 관계를 가질 수 없었습니다. 그러나 먼저 말을 건다는 것은 쉽지 않습니다. 그렇게 하기 위해서는 겸손과 배려하는 마음과 용기와 적극적인 태도가 필요합니다. 보아스는 이러한 태도로 룻에게 먼저 말을 걸었습니다. 이 보아스는 외롭고 까칠한 사마리아 여자에게 생수를 주기 위해 먼저 물을 달라고 말씀하신 예수님을 떠오르게 합니다(요 4:7-14).

보아스가 대화를 시작했습니다. "내 딸아, 이제 들어라. 이삭을 주우러 다른 밭으로 가지 말며 여기서 떠나지 말고 나의 소녀들과 함께 있으라. 그들이 베는 밭을 보고 그들을 따르라. 내가 그 소년들에게 명령하여 너를 건드리지 말라 하였느니라. 목이 마르거든 그릇에 가서 소년들이 길어 온 것을 마실지니라 하는지라"(8-9).

보아스는 아버지의 마음으로 룻을 보았고 그녀를 '내 딸아'라고 부르며 그녀가 일을 하도록 허락해 주었습니다. 그는 차별 없이 룻을 가족처럼 대해주었습니다. 보아스는 룻이 상처받기 쉬운 약자로 생각하고 그녀를 보호해 주었고 마실 물을 주었습니다. 중동에서 식수는 매우 중요하고 귀했습니다.

보아스의 마음에서 우러나오는 관대함과 자비는 룻을 안심시켰습니다. 룻은 자신이 이스라엘에서 환영받지 못하고 멸시를 받는 이방인 모압 사람이었음에도 불구하고 왜 자신이 보아스에게 은혜를 입는지 의아해했습니다. 이에 보아스는 어떻게 반응했습니까? "네 남편이 죽은 후로 네가 시어머니에게 행한 모든 것과 네 부모와 고국을 떠나 전에 알지 못하던 백성에게로 온 일이 내게 분명히 알려졌느니라"(11). 그는 나오미를 돌보기 위해 자신의 가족과 고향을 떠나 다른 문화권에서 살고자 한 룻의 희생과 헌신을 인정했습니다. 그는 또한 그녀가 과부라는 사실을 배려했습니다. 그는 그녀를 종교적 편견의 눈이 아닌 보편적인 인간애를 바탕으로 그녀를 보았습니다. 실제로 그는 하나님의 긍휼히 여기는 마음으로 보았습니다. 이것은 주목할 만할 일입니다.

보아스는 룻을 받아들이고 존중하는 것 그 이상의 일을 했습니다. 그는 여호와의 이름으로 룻에게 축복하였습니다. "여호와께서 네가 행한 일에 보답하시기를 원하며 이스라엘의 하나님 여호와께서 그의 날개 아래에 보호를 받으러 온 네게 온전한 상 주시기를 원하노라"(12). 보아스는 룻이 한 일이 정말 대단하다는 것을 깨달았습니다. 그녀의 행위는 보상받을만한 가치가 있었습니다. 보답한다는 것은 남이 먼저 베푼 만큼 갚는 것을 말합니다. 나오미를 붙좇기로 한 그녀의 희생적인 결단에 대해 아무도 룻에게 보답을 할 수 없었습니다. 그러나 여호와께서는 룻에게 갚으실 수 있었습니다.

보아스의 축복은 보답하는 것 그 이상이었습니다. 그것은 룻이 어미 새의 날개 아래 있는 어린 새끼와 같이 참된 안식과 보호로 여호와의 풍성한 상급을 받도록 하는 것이었습니다. 보아스는 하나님은 누구든지 자기에게 나아와 간절히 구하는 자에게 상 주시는 분이심을 잘 알았습니다(히 11:6). 그는 하나님은 이스라엘의 하나님일 뿐만 아니라 이방인의 하나님이 되심을 잘 알고 있었습니다. 그는 하나님께서 자신을 기쁘게 하는 사람들에게 상상 이상으로 풍성하게 상 주시는 분이심을 잘 알고 있었습니다. 우리가 이 하나님을 알 때 하나님을 섬기기 위해 기꺼이 자신을 희생할 수 있고, 도움이 필요한 사람들에게 풍성히 베푸는 삶을 살 수 있습니다.

요약하자면, 보아스는 베푸는 자로서 솔선하고 겸손하고 사려 깊고 관대했으며 궁핍한 자를 불쌍히 여기는 마음의 소유자였습니다. 그뿐만 아니라 늘 풍성하게 축복 주시기를 원하시는 하나님의 마음을 소유한 자였습니다.

우리는 약육강식의 세상에서 다른 사람에게 베푸는 삶은 손해 보는 장사라고 생각할 수 있습니다. 미국 작가이자 유머 작가이며 기업가였던 마크 트웨인(Mark Twain, 1835-1910)은 이렇게 말했습니다. "주고받기의 원리가 외교인데 하나 주면 열을 받아야 한다." 이 험한 세상을 사는 많은 사람들은 "내가 먼저 나를 돌보지 않으면 아무도 나를 돌보지 않는다. 내가 이기적이지 않으면 이 세상에서 살아남을 수 없다."라고 생각할지 모릅니다.

아담 그랜트(Adam Grant)는 그의 책 〈기브 앤 테이크(Give and Take)〉에서 직장에는 '주는 사람(giver)', '받는 사람(taker)', '받는 만큼 주는 사람(matcher)'의 세 종류가 있다고 말했습니다. 주는 것과 받는 것, 받는 만큼 주는 것은 사회적 상호작용의 세 가지 기본 형식입니다. 받는 사람은 자기중심적이라 다른 사람들이 그들에게 무엇을 줄 수 있는지에 더 많은 관심을 기울입니다. 반면 주는 사람들은 타인 중심적이라 다른 사람들이 필요로 하는 것에 더 많은 관심을 가집니다. 만일 직장에서 당신이 주는 사람이라면 자신의 시간과 에너지, 지식과 기술, 아이디어 및 인맥을 혜택을 받을 수 있는 다른 사람들과 기꺼이 공유하고자 할 것입니다. 받는 만큼 주는 사람은 공정성의 원칙에 따라 움직입니다. 다른 사람을 도울 때 호혜성을 추구하여 자신을 보호합니다. 당신이 받는 만큼 주는 사람이라면, 당신은 '눈에는 눈, 이에는 이'라는 원칙을 믿으며, 당신의 관계는 호의를 주고받는 식의 삶의 원리에 지배를 받게 될 것입니다.[1]

연구에 따르면 주는 사람은 성공 사다리의 바닥으로 내려갑니다. 그 이유는 주는 사람들은 지나치게 남을 배려하고, 신뢰하며, 다른 사람들의 이익을 위해 자신의 이익을 기꺼이 희생하기 때문입니다. 주는 사람이 성공 사다리의 바닥에 처할 가능성이 가장 높다면, 누가 최상위에 있다는 것입니까? 받는 사람입니까? 아니면 받는 만큼 주는 사람입니까? 어느 것도 아닙니다. 놀랍게도, 그 사람은 도로 주는 자가 됩니다. 최악의 성과를 내는 자와 최고의 성과를 내는 자는 다 주는 자입니다. 받는 사람과 받는 만큼 주는 사람은 중간 정도에 있을 가능성이 더 큽니다.[2]

아브라함 링컨이 좋은 예입니다. 역사, 정치학, 심리학 전문가들이 대통령을 평가했을 때 그들은 링컨을 분명히 주는 자라고 인정했습니

---

1 Grant Adam, *Give and Take* (New York, NY: Penguin Books, 2014), pp. 4-5.
2 Ibid., p. 7.

다. 링컨은 주는 사람으로서 일생 동안 많은 실패를 했습니다. 그는 8번의 선거에서 패배했고 두 번은 사업에 실패했고 신경쇠약에 시달렸습니다. 그러나 그는 실패 가운데에서도 사람들로부터 신뢰를 얻을 수 있었습니다. 결국 그는 1860년에 대통령에 당선되었습니다.

링컨은 백악관 집무실에서 자신의 자존심보다 국가의 이익을 우선시하기로 결심했습니다. 그래서 그는 공화당 경선에서 패배한 세 명의 후보자를 각각 국무장관, 재무장관, 법무장관으로 임명했습니다. 그는 "나는 국가에 대한 그들의 봉사를 박탈할 권리가 없습니다."라고 말했습니다.

역사가 도리스 컨스 구드윈(Doris Kearns Goodwin)은 그의 저서 '권력의 조건(Team of Rivals)'에서 링컨의 내각이 얼마나 특이한지를 기록했습니다. "행정의 모든 구성원은 링컨보다 더 잘 알려져 있고, 더 교육을 받았으며, 공적 생활에서 더 경험이 많았습니다. 내각에서의 그들의 존재는 무명의 변방 개척지의 변호사를 가리게 하는 위협적 존재가 되었을 것입니다."[3] 어떤 경쟁자들은 링컨을 멸시했고, 다른 사람들은 그를 무능하다고 생각했습니다. 그러나 결국 그는 그들을 압도했습니다. 전쟁장관 에드윈 스탠튼은 링컨을 멸시했었지만 나중에는 링컨을 총사령관으로서 깊은 존경심을 가졌습니다. 대통령이 사망했을 때 그는 몇 주 동안 눈물을 주체할 수 없었습니다.[4] 링컨의 삶은 진정으로 주는 자가 얼마나 큰 영향력을 끼치는지 좋은 예가 됩

3 Ibid., p. 15.

4 Goodwin Doris K. *Team of Rivals* (New York, NY: Simon & Schuster Paperbacks, 2005), p. xvi-xvii.

니다. 사실, 그의 주는 정신은 하나님의 마음입니다. 우리도 보아스나 링컨처럼 주는 정신을 실천할 수 있기를 기도합니다.

주는 것은 결코 쉬운 일이 아닙니다. 그것은 예술과 같습니다. 주는 사람은 받는 사람의 입장을 이해함으로 매우 겸손하고 사려 깊어야 합니다. 이를 위해서는 기도를 통해 주어지는 하나님의 지혜를 구해야 합니다. 복음서의 내용을 공부하면 우리는 예수님이 나병 환자, 사마리아 여자, 세리 등과 같은 사람들을 돕기 위해 그들에게 어떻게 베풀어 주셨는지를 알고 놀라게 됩니다. 예수님은 제자들에게 "너희가 거저 받았으니 거저 주어라"라고 가르치셨습니다(마 10:8). 우리가 거저 받은 것처럼, 우리는 아무 조건 없이 거저 주어야 합니다. 우리는 사도 바울로부터 주는 것이 하나님의 은혜에 참여하는 것임을 배웁니다(고후 8:7). 베푸는 것은 은혜로 받은 것을 다른 사람들과 나누는 것입니다. 우리가 이렇게 주는 삶을 실천할 때, 우리도 행복하고 감사가 넘치게 되며, 받는 사람도 행복하고 감사가 넘치게 됩니다.

이제 '받는 자'로서의 룻의 인격을 살펴보겠습니다. 받는 사람들은 당연히 받아야 한다는 생각이나 거지 근성을 갖기 쉽습니다. 또한 받는 사람은 쉽게 감정이 상하기 쉽습니다. 주는 사람이 겸손하고 배려심이 있어야 하듯, 받는 사람도 겸손하고 감사하는 마음이 있어야 합니다. 룻은 수동적이거나 게으른 사람이 아니었고 당연히 받아야 한다는 생각도 없었습니다. 그녀는 근면했습니다(7). 그녀는 또한 겸손했습니다. 보아스가 은혜를 베풀었을 때 룻은 얼굴을 땅에 대고 절하며 말했습니다. "나는 이방 여인이거늘 당신이 어찌하여 내게 은혜를 베푸시며 나를 돌보시나이까?"(10) 룻은 자신이 누구인지 잘 알았고, 자신은 이방인으로서 은혜를 받을 자격이 없다는 것을 잘 알았습니다. 그런데도 룻은 호의가 주어졌을 때 마음 상하지 않고 겸손하고 감사함으로 이를 받아들였습니다.

그러나 룻은 그의 호의를 당연하게 여기지 않았습니다. 그녀는 보아스가 자기를 축복하는 말을 듣고 말했습니다. "내 주여 내가 당신께 은혜 입기를 원하나이다. 나는 당신의 하녀 중의 하나와도 같지 못하오나 당신이 이 하녀를 위로하시고 마음을 기쁘게 하는 말씀을 하셨나이다"(13). 룻은 자신이 은혜받기에 합당지 못하다고 생각하면서도 감사하는 마음으로 계속 은혜를 구했습니다. 그녀는 또한 마음 문을 열고 보아스의 말이 그녀의 마음에 평안을 주었다고 하면서 자신의 솔직한 감정을 표현했습니다.

다시 보아스와 룻의 이야기로 돌아가 봅시다. 그들의 대화는 너무 아름답고 은혜로워서 한여름 밤의 꿈과 같았습니다. 그러나 이것이 끝이 아니었습니다. 더욱더 아름답고 은혜로운 사건이 펼쳐집니다. 14절 전반부는 말합니다. "식사할 때에 보아스가 룻에게 이르되 이리로 와서 떡을 먹으며 네 떡 조각을 초에 찍으라 하므로" 보통 추수하는 일꾼들에게는 식사가 제공되었습니다. 룻은 같이 식사를 할 자격이 전혀 없었습니다. 그러나 보아스는 그녀를 초대했습니다. 이는 은혜입니다. 이것은 예수님께서 "누구든지 내 음성을 듣고 문을 열면 내가 그에게로 들어가 그와 더불어 먹고 그는 나와 더불어 먹으리라"는 말씀과 어린 양의 혼인 잔치에 참여하도록 초청하시는 장면을 떠올리게 합니다(계 3:20, 19:9).

룻은 그 초대를 받아들였지만 그들과 함께 식사하는 것은 쉽지 않았습니다. 더욱이 보아스가 볶은 곡식을 주었을 때 그녀는 당황스러웠을 것입니다. 그러나 그녀는 음식을 맛있게 배불리 먹었고 그래도 음식이 남았습니다(14b). 룻이 이삭을 주우려고 일어났을 때 보아스는 소년들에게 그녀가 그들 사이에서 이삭을 주울 때 그녀를 보호하고 그녀에게 특별한 배려를 하도록 지시했습니다(15-16).

보아스와 룻의 이야기에서 우리는 그리스도와 교회의 관계를 나타내는 예표를 발견할 수 있습니다. 우리는 룻과 같이 이스라엘의 시민권에서 제외되었고 약속의 언약에 대하여는 외인이요 세상에서 소망도 없고 하나님도 없는 자였습니다(엡 2:12). 우리의 삶은 무의미하고 열매가 없었으며 우리는 죄 가운데서 멸망할 운명이었습니다. 그러나 거룩하고 전능하신 하나님의 아들이신 그리스도께서 자신을 낮추시고 인간으로 세상에 오셔서 주도권을 갖고 우리와 말씀을 나누셨습니다. 예수님은 온갖 종류의 죄인을 영접하시고 그들과 함께 먹고 마셨습니다. 그래서 그는 죄인과 세리의 친구로 알려졌습니다. 예수님은 마음이 상한 자를 싸매시며 슬퍼하는 자를 위로하시고 병자를 고치시며 귀신을 쫓아내 주셨습니다. 예수님은 불쌍히 여기는 마음으로 생명의 말씀을 가르치셨고, 삶의 의미와 목적과 하나님 나라의 산 소망을 주셨습니다.

마침내 예수님은 십자가에서 우리 죄를 위한 대속 제물로 자신을 내어주셨습니다. 예수님은 이렇게 우리에 대한 하나님의 사랑을 나타내셨습니다. 예수님은 우리를 그분의 소중한 자녀요 그의 나라의 상속자로 삼으셨습니다. 예수님은 이 모든 특권과 축복을 은혜로 거저 주셨습니다.

17-23절은 나오미와 룻의 대화입니다. 룻은 보아스와 추수하는 사람들과 함께 은혜로운 식사를 한 후 저녁까지 열심히 일했습니다. 그 후 룻이 주운 것을 떠니 보리 한 에바, 약 13.6 kg이나 되었습니다(17). 그것은 그녀와 나오미가 여러 날 동안 충분히 먹을 수 있는 식량이었습니다. 룻은 하루 종일 들판에서 열심히 일한 후 그것을 매고 성읍에 있는 집으로 돌아왔습니다(18). 그녀는 강하고 건강했습니다.

나오미는 많은 곡식과 남은 음식을 보고 놀랐습니다. 그래서 룻에게 "오늘 어디서 주웠느냐? 어디서 일을 하였느냐?"라고 물었습니다. 나오미는 후한 인심을 베푼 은인이 누구인지 알고 싶었습니다. 그리고 "너를 돌본 자에게 복이 있기를 원하노라!"라고 말했습니다(19). 룻은 "오늘 일하게 한 사람의 이름은 보아스니이다"라고 대답했습니다. 나오미는 자신을 축복하신 분이 하나님이심을 깨달았습니다. 그녀는 "그가 여호와로부터 복받기를 원하노라. 그(여호와)가 살아 있는 자와 죽은 자에게 은혜 베풀기를 그치지 아니하도다!"라고 말했습니다(20a).

여기에서 '은혜'라는 단어는 히브리어로 '헤세드'입니다. 이 단어는 1장 8절에서 처음 사용되었고, 2장 20절과 3장 10절에서 다시 사용되었으며, 구약성경에 255번 나옵니다. '헤세드'라는 단어는 문맥에 따라서 '인애, 자비, 한결같은 사랑, 헌신, 충성 등'과 같이 다양하게 번역됩니다. 헤세드는 성경의 핵심 단어 중 하나이고 언약적 용어입니다. 하나님은 '헤세드'로 그의 백성과 결속되어 있으며, 하나님의 백성도 '헤세드'로 하나님과 결속되어 있습니다. 이것은 하나님의 백성이 실제 삶 가운데에서 하나님의 성품을 나타내야 함을 의미합니다(마 23:23). 보아스는 그렇게 해서 그리스도의 예표가 되었습니다.

나오미는 하나님의 연단을 통해 하나님의 훈련하는 사랑을 받았습니다. 나오미는 훈련을 받은 후 하나님께서 자신의 백성에게 은혜 부어주시기를 멈추지 않으신다는 것을 깨달았습니다. 하나님은 나오미의 깊은 절망을 희망으로 바꾸셨습니다. 그녀의 슬픔의 밤이 지나고 새로운 기쁨의 날이 밝았습니다. 사실 나오미는 하나님 안에서 희망을 발견했습니다. 그녀는 "그 사람은 우리와 가까우니 우리 기업을 무를 자 중의 하나이니라"라고 말했습니다(20b). 그녀는 하나님께서 룻을 통해 그녀의 삶에 간섭하고 계신다는 것을 깨달았습니다.

나오미가 하나님의 놀라운 은혜를 묵상할 때 룻은 이렇게 덧붙여 말했습니다. "그가 내게 또 이르기를 내 추수를 다 마치기까지 너는 내 소년들에게 가까이 있으라 하더이다"(21). 보아스의 행위는 일회성 친절이 아니라 새로운 관계의 시작이었습니다. 나오미는 룻이 그곳에 계속 머물러 일하도록 격려했습니다. 그 이유는 그녀가 다른 사람의 밭에서 일하면 해를 입을 가능성이 있기 때문입니다(22). 그래서 룻은 보리와 밀 추수를 마치기까지 보아스의 밭에서 이삭 줍는 자로 일했습니다. 이 기간은 4월 말부터 6월 초까지 약 6-7주였습니다. 그 사이 봄날의 경건한 로맨스가 싹트고 꽃을 피웠습니다(23).

하나님은 은혜가 풍성하시고 자비로우시며 긍휼이 충만하십니다. 하나님은 믿음으로 그에게 나아오는 사람에게 인간 조건에 상관없이 거저 주시고 풍성하게 주십니다. 하나님은 독생자 예수님까지 주심으로 우리에게 영생을 주셨습니다. 사도 바울은 "자기 아들을 아끼지 아니하시고 우리 모든 사람을 위하여 내주신 이가 어찌 그 아들과 함께 모든 것을 우리에게 주시지 아니하겠느냐"라고 고백했습니다(롬 8:32). 우리가 믿음으로 하나님께 나아가 거저 주시는 축복을 받고 또 베푸는 삶을 실천하는 법을 배우기를 기도합니다.

더 큰 인애

"그가 이르되 내 딸아 여호와께서 네게 복 주시기를 원하노라. 네가 가난하건 부하건 젊은 자를 따르지 아니하였으니 네가 베푼 인애가 처음보다 나중이 더하도다."

본문을 공부하면서 우리는 그 시대의 문화적 맥락을 이해해야 하는 해석학적 도전을 받게 됩니다. 우리는 본능적으로 본문을 우리 시대의 문화적 관점에서 이해하려고 하기 때문에 당혹스럽게 느낄지 모릅니다. 나오미가 룻에게 보아스에 접근하라는 제안은 매우 이상하게 생각됩니다.

우리는 두 가지 점에서 본문을 오해할 수 있습니다. 본문을 도덕적 관점에서 보면 유혹을 결혼의 수단으로 용인하는 것처럼 보입니다. 경건한 여인이 어떻게 그러한 행동을 승인할 수 있을까요? 목적을 위해 수단을 정당화해도 될까요? 결코 그럴 수 없습니다.

또한 다른 관점은 정 반대로 우리 시대에 유행하고 있는 탈 도덕적 관점에서 바라보는 것입니다. 어떤 사람들은 그러한 행위가 매우 정상적이라고 생각하고 "그게 뭐 어때서? 나는 이런 결혼 전략을 추천하겠어. 나는 이렇게 하는 게 좋아."라고 말할 수 있습니다. 이러한 성경적 도덕관에 관한 무지는 죄를 정당화하게 해 줍니다.

오늘 본문은 문화적 맥락 속에서 올바로 해석되어야 합니다. 그 시대에 대한 문화적 이해는 성경이 실제로 말하고 의미하는 바가 무엇인가를 발견하는 데 매우 중요합니다. 우리는 나오미의 제안과 룻의 순종, 그리고 보아스의 반응을 그들의 맥락 속에서 살펴보아야 합니다.

본문에서 특히 중요한 것은 나오미와 룻의 관계입니다. 일반적으로 시어머니와 며느리 사이의 관계는 문제가 많습니다. 때때로 둘 사이의 냉전 상태가 오래감으로 다른 많은 사람들에게 해를 끼치게 됩니다. 그러나 나오미와 룻의 관계는 매우 달랐습니다. 그들의 관계는 하나님의 한결같은 사랑에 기초한 상호 신뢰의 관계였습니다. 나오미는 룻의 행복에 대해 진심으로 관심을 가졌고, 룻은 하나님의 사랑으로 나오미를 희생적으로 돌보았습니다. 그들의 관계는 멘토와 멘티의 모범적인 관계라고 말할 수 있습니다.

요즘은 나이 든 사람들과 젊은이들이 건강한 관계를 맺는 것이 어렵습니다. 많은 사람들이 서로를 신뢰하지 않습니다. 젊은 사람들은 나이 든 사람들이 자기들을 이해하지 못한다고 생각하고 심지어 자기들을 이용한다고 생각합니다. 나이 든 사람들은 젊은 사람들이 자기들을 이해하지 못하고 어른을 공경하지 않고 배우려하지 않는다고 생각합니다. 그들은 서로 활기차고 건강한 관계를 맺어 꽃을 피울 수 있는데 그렇게 하지 못해 서로 힘들어합니다. 많은 사람들이 이를 운명적으로 생각하고 포기해 버립니다.

사실 그들은 서로를 필요로 하고 서로 좋은 관계성을 맺기를 바랍니다. 그런데 어떻게 그렇게 할 수 있을까요? 본문에서 우리는 그 방법을 발견할 수 있습니다. 나오미와 룻은 우리에게 기성세대와 젊은 세대가 어떻게 원활한 관계성을 맺을 수 있는지를 보여줍니다. 이는 주로 믿음의 문제입니다. 본문에서 나오미와 룻을 통해 배울 수 있기를 기도합니다.

첫째, 나오미의 제안과 룻의 순종 (1-6).

먼저 나오미의 제안에 대해 살펴보겠습니다. 2장은 보아스와 룻의 만남을 서술했습니다. 그들의 만남은 룻이 이삭을 주우러 밭에 들어간 첫날에 이루어졌습니다. 그 만남은 하나님의 섭리에 의해 조율된 아름답고 역사적인 만남이었습니다.

2장은 23절에서 다음과 같이 끝을 맺고 있습니다. "이에 룻이 보아스의 소녀들에게 가까이 있어서 보리 추수와 밀 추수를 마치기까지 이삭을 주우며 그의 시어머니와 함께 거주하니라." 이는 보아스와 룻의 관계가 하루 만에 끝난 일회성 사건이 아니라, 보리와 밀 추수 기간인 약 6주 동안 날마다 계속해서 이루어졌음을 말해줍니다. 우리는 하나님의 인도하심으로 이루어진 그들의 로맨스가 어떻게 꽃을 피웠는지 단지 상상할 뿐입니다.

1절을 보면 "룻의 시어머니 나오미가 그에게 이르되 내 딸아 내가 너를 위하여 안식할 곳을 구하여 너를 복되게 하여야 하지 않겠느냐?"라고 했습니다. 룻은 자신이 재혼을 포기하고 나이가 든 나오미를 돌보기로 이미 결단했었습니다. 이 희생적인 사랑은 나오미의 마음을 감동시켰고 그녀는 이스라엘에서 룻을 위해 안식할 곳을 찾아주기를 원했습니다. 그러나 그것은 불가능해 보였습니다. 누가 이스라엘에서 멸시받는 가난한 모압의 과부와 결혼을 하려고 하겠습니까? 그러나 나오미는 은혜 베풀기를 그치지 아니하시고, 룻을 기업을 무를 자인 보아스에게로 인도하신 하나님 안에서 희망을 발견했습니다(2:20). 그녀는 하나님의 인도하심을 구하고자 기도를 많이 하였을 것입니다.

이제 추수의 끝이 이르게 되었습니다. 나오미는 하나님이 하고 계시는 일을 근거로 바로 이때가 행동을 취할 적기임을 깨달았습니다. 그래서 그녀는 2-4절에서 룻에게 다음과 같이 제안했습니다. "네가 함께하던 하녀들을 둔 보아스는 우리의 친족이 아니냐. 보라, 그가 오늘 밤에 타작마당에서 보리를 까불리라. 그런즉 너는 목욕하고 기름을 바르고 의복을 입고 타작마당에 내려가서 그 사람이 먹고 마시기를 다하기까지는 그에게 보이지 말고 그가 누울 때에 너는 그가 눕는 곳을 알았다가 들어가서 그의 발치 이불을 들고 거기 누우라. 그가 네 할 일을 네게 알게 하리라."

얼마나 이상한 제안입니까? 나오미는 몇 가지 중요한 사실에 대해 언급했습니다. 1) 보아스가 기업 무를 자로서 가까운 친척이라는 것. 2) 그 날밤 그는 타작마당에서 보리를 까부르고 나서 먹고 마시고 곡식을 지키기 위해 거기에서 잠을 잘 것이라는 것이었습니다. 나오미는 또한 룻에게 몇 가지 지시를 했습니다. 1) 목욕하고 기름을 바르고 최고로 좋은 옷을 입을 것. 2) 몰래 타작마당에 내려갈 것. 3) 보아스에게 조용히 접근하여 그의 발치 이불을 들고 거기 누우라는 것이었습니다.

우리는 마음에 의문을 품을 수 있습니다. 나오미는 왜 이런 이상한 지시를 했을까요? 그것은 무모한 일이었습니다. 만일 그 일이 성공하지 못한다면 나오미와 룻에게 심각한 일이 발생할 것입니다. 나오미의 삶은 더 비참해질 것이고 룻은 추방될 것입니다. 무엇 때문에 나오미가 그런 위험을 감수하는 것입니까? 우리는 2장20절에서 그 이유를 엿볼 수 있습니다. "그가 여호와로부터 복 받기를 원하노라. 그

(여호와)가 살아 있는 자와 죽은 자에게 은혜 베풀기를 그치지 아니하도다." 나오미는 덧붙였습니다. "그 사람은 우리와 가까우니 우리 기업을 무를 자 중의 하나이니라." 나오미가 보아스의 이름을 들었을 때 그녀는 즉시 하나님께서 선을 위해 역사하고 계심을 깨달았습니다. 그녀는 룻이 하나님의 율법에 따라 보아스와 결혼할 수 있는 가능성을 보았습니다(신 25:5-6).

보아스가 룻의 죽은 남편 말론의 형제는 아니었지만, 가까운 친척이고 기업을 무를 수 있는 자였습니다. 나오미가 이를 깨달았을 때 하나님께 대한 믿음이 되살아났습니다. 보아스의 너그러움과 인애와 배려를 통해 그녀는 자신과 가족에게 베푸시는 하나님의 인애를 체험할 수 있었습니다. 나오미는 하나님 안에서 확신을 갖고 이 무모한 시도를 할 수 있었습니다.

그럼에도 불구하고 우리는 여전히 나오미가 왜 그런 무모한 선택을 했는지에 대해 마음 가운데 의문을 갖습니다. 그녀는 보아스를 저녁 식사에 초대하거나 결혼 중매인에게 도움을 요청할 수 있었습니다. 우리는 나오미가 왜 그러한 무모한 행동을 했는지 잘 알지 못하지만, 한 가지 분명한 것은 그녀가 하나님께 대한 믿음이 있었다는 것입니다. 그녀는 하나님을 믿는 믿음으로 행동했습니다. 우리가 하나님을 믿고 무엇인가를 할 때 위험이 따르게 마련입니다.

예를 들어, 하나님은 아브라함에게 고향과 친척과 아버지의 집을 떠나 약속의 땅으로 가라고 명령하셨습니다(창 12:1-3). 아브라함이 이 명령에 순종한다는 것은 무모한 일이었습니다. 예수님께서 제자들에게 자기를 따라오도록 부르셨을 때 그들은 모든 것을 버려야 했습니다(막 1:17-18). 사실 본질적으로 하나님을 믿고 믿음으로 행할 때 위험이 따르게 됩니다.

나오미는 하나님이 주신 기회를 보았을 때 위험을 무릅쓰고 주저 없이 행동했습니다. 그것은 그녀의 하나님께 대한 믿음의 표현이요 룻을 향한 진정한 사랑의 표현이었습니다. 사실 이는 멘토로서 시의 적절한 지시였습니다. 멘토가 하나님을 믿는 믿음이 있어야 멘티가 하나님을 믿도록 도울 수 있습니다. 멘토가 하나님을 믿는 믿음이 없다면 이는 인간적인 상담자에 불과합니다.

이제 5-6절에서 룻의 순종에 대해 생각해 보겠습니다. "룻이 시어머니에게 이르되 어머니의 말씀대로 내가 다 행하리이다 하니라 그가 타작마당으로 내려가서 시어머니의 명령대로 다 하니라." 일반적으로 사람들은 이런 무모한 제안에 즉시 동의하지 않습니다. 그들은 "기도해 보고 말씀드릴게요"라고 말합니다. 그러나 룻의 반응은 즉각적이고 거침이 없었습니다. 그녀는 망설이지 않았습니다.

룻이 어떻게 이처럼 순종할 수 있었을까요? 그녀는 이것이 얼마나 무모한지 잘 알고 있었습니다. 그녀가 사람들의 오해를 사게 된다면 고상한 인격의 여인으로서의 평판을 잃는 것은 물론이고 추방되거나 아마도 돌에 맞아 죽을 수 있었습니다(11). 그러나 룻은 시어머니께 온전히 순종하였고 기꺼이 시어머니가 말한 것을 행하고자 하였습니다. 그것은 맹목적인 순종이 아니라 하나님이 하시는 일을 이해한 것에 기초하여 자발적으로 협력하는 것이었습니다. 그녀는 하나님이 그녀와 나오미의 가족의 기업을 되찾기 위해 친히 역사하고 계심을 직감했습니다(3:9). 그녀는 또한 보아스가 하나님의 사람으로서 진정으로 진실된 사람임을 믿었습니다.

룻은 다른 과부들처럼 재혼을 고려하는 것을 거부할 수 있었습니다. 그러나 그녀는 나오미에게 순종하기 위해 자기를 부인했습니다. 그녀는 나오미의 가계를 잇기 위해 나오미에게 순종했습니다. 이는 나오미를 향한 그녀의 자기희생적인 사랑이었습니다. 근본적으로 룻은 하나님을 신뢰했습니다. 멘토에게 하나님을 믿는 믿음이 필요하듯, 멘티에게도 하나님을 믿는 믿음이 필요합니다. 멘티는 이런 믿음에 기초해서 멘토와 협력해서 하나님의 일을 섬겨야 합니다.

여기서 우리는 나오미와 룻을 통해 나이 든 세대와 젊은 세대가 어떻게 원활한 관계성을 맺을 수 있는지 배웁니다. 나오미와 룻은 각각 개인적으로 하나님을 신뢰했습니다. 그들은 자신들의 삶이 사람들의 손에 달려있지 않고 하나님의 손에 달려 있음을 믿었습니다. 사람들은 멘토의 충고를 따르기를 꺼려하는데 이는 그들이 잘못될 것 같고 이용당할 것을 두려워하기 때문입니다. 그러나 하나님께서 우리를 인도하신다는 것을 믿을 때 두려움과 오해를 극복할 수 있습니다.

우리가 믿음으로 살 때 자연스럽게 우리 마음에서 사랑이 자라게 됩니다. 사도 바울은 이를 "사랑으로써 역사하는 믿음"이라고 하였습니다(갈 5:6b). 하나님을 믿는 진정한 믿음은 자기희생적인 진정한 사랑을 낳습니다. 이를 히브리어로 "헤세드"라고 하는데 하나님의 일방적인 사랑을 말합니다. 이 사랑은 어떤 것을 보상받기를 바라거나 요구하지 않는 사랑입니다.

나오미가 자기 자신보다 룻을 더 염려하였듯이, 룻도 자기 자신보다 나오미를 더 염려하였습니다. 그들은 사실 하나님 앞에서 자신이 죽음으로 하나님께서 그들의 삶과 관계의 중심이 되시도록 했습니다. 그들은 자기들이 직접 결과를 통제하기보다 하나님께서 그의 방식대로 일하시도록 맡겼습니다. 그들이 그렇게 했을 때 하나님은 그들의 믿음을 기뻐하시고 기대하는 것 이상으로 더 큰 일을 하셨습니다. 우리가 믿음에서 나오는 자기희생적인 사랑을 배울 때, 나오미와 룻과 같은 아름다운 관계성을 가질 수 있습니다.

둘째, 룻의 제안과 보아스의 반응 (7-18).

보아스가 먹고 마시기를 마치고 마음이 즐거워 가서 곡식 단 더미의 끝에 누웠습니다. 룻은 가만히 다가가서 그의 발치 이불을 들고 거기 누웠습니다. 한밤중에 뭔가 보아스를 놀라게 했는데 그가 돌이켜 보니 한 여인이 자기 발치에 누워있었습니다! 보아스는 너무 놀랐습니다. 보아스는 그녀가 자기를 유혹하러 왔다고 생각하고 당장에 쫓아낼 수 있었습니다. 그러나 그는 충동적으로 행동하지 않고 마음을 가다듬었습니다. 그는 "네가 누구냐?"라고 질문을 함으로 사실을 알기 원했습니다. 그 순간 룻의 미래는 경각에 달려있었습니다. 그녀는 너무 무서워서 아무 말도 못 할 수 있었습니다. 그러나 그녀는 그렇지 않았습니다. 룻은 믿음으로 "나는 당신의 여종 룻입니다"라고 자신의 정체를 밝혔습니다(9a).

히브리어로 "여종(servant)"이라는 단어는 "시녀(handmaid)" 또는 "첩 (concubine)"으로 번역할 수 있습니다. 이는 2장 13절에 나오는 "하녀(servant girls)", 히브리어로 "여자 노예"와는 다른 단어입니다. 그 당시 사회에서 "여자 노예"는 주인과 결혼할 자격이 없었고 "시녀"는 자격이 있었습니다. 이를 볼 때 룻은 보아스와 결혼할 자격이 있다는 확신을 가졌음을 알 수 있습니다.

룻은 계속해서 말했습니다. "당신의 옷자락을 펴 당신의 여종을 덮으소서. 이는 당신이 기업을 무를 자가 됨이니이다"(9b). "당신의 옷

자락을 펴서"라는 말은 청혼을 의미하는 그 당시 문화를 반영한 표현입니다. 그녀는 "저와 결혼해 주시겠어요?"라고 말하고 있었습니다. 그러나 이것은 단지 남편감을 붙들기 위한 과감한 시도가 아니었습니다. 그것은 기업 무를 자가 가족 중 과부에 대해 의무를 수행할 책임이 있다는 하나님의 율법에 근거하여 축복을 요청하는 것이었습니다. 룻이 어떻게 이렇게 청혼을 할 수 있었을까요? 이는 그녀가 하나님의 말씀과 나오미에게 순종하였기 때문입니다. 이 순종은 "헤세드"의 사랑에서 나온 것이었습니다. "헤세드"의 사랑은 그녀의 용기의 근원이었습니다.

보아스는 룻의 대답과 요청을 듣고 즉시 대답했습니다. "내 딸아, 여호와께서 네게 복 주시기를 원하노라. 네가 가난하건 부하건 젊은 자를 따르지 아니하였으니 네가 베푼 인애가 처음보다 나중이 더하도다"(3:10). 보아스는 즉시 룻의 말의 의미를 이해하였고, 그녀의 청혼을 받아들였습니다. 보아스는 이전에 룻을 축복했던 데로 하나님께서 그를 통해 룻을 축복하고 계심을 깨달았습니다. 보아스는 그녀의 인애의 행동을 칭찬했습니다. 그것은 처음에 나오미를 섬기고자 나오미를 붙좇았던 결단보다 더 큰 결단이었습니다(1:16-17; 2:11).

여기서 "인애"라는 단어는 히브리어로 "헤세드"인데, 1장 8절과 2장 20절에도 사용되었습니다. 헤세드는 의무감을 넘어선 헌신의 행동이요 사랑의 선대를 의미합니다. 그것은 희생과 헌신을 결합한 것입니다. 그녀의 처음 행동은 하나님의 한결같은 사랑에 감동을 받은 위대한 충성의 행동이었습니다. 그러나 이것은 이전보다 훨씬 더 위대한 것이었습니다. 룻은 엘리멜렉의 가계를 회복하기 위해 기꺼이 나이 많은 남자와 결혼하고자 하였습니다. 룻은 자신의 유익과 행복을 위해 재혼하고자 하는 욕망을 따르지 않았습니다. 그녀는 나오미의 가계를 잇기 위해 자기를 희생한 것입니다. 보아스는 하나님께 대한 룻의 믿음과 사랑이 성장하고 있음을 깨달았습니다.

보아스는 의심하거나 판단하지 않았고 룻을 이용하려고도 하지 않았습니다. 오히려 그는 하나님의 마음으로 그녀를 이해하였습니다. 보아스는 사회적 권력을 가진 위치에 있었고, 룻은 매우 상처받기 쉬운 약자였습니다. 그러나 보아스는 거만한 태도를 가지지 않았습니다. 도리어 그는 사랑이 풍성하고 너그러우며 불쌍히 여기고 친절하며 이해심이 많았고 그녀를 공주처럼 대접했습니다. 그는 우리에게 도움이 필요한 자들을 구원하고 축복하는 데 있어서 권력과 특권을 어떻게 사용해야 하는지를 보여 줍니다. 그는 기업 무를 자가 되어 주겠다고 약속했습니다.

그러나 또한 그는 하나님의 율법에 따라 더 가까운 친족에게 먼저 기회를 주어야 한다고 말했습니다. 그는 룻의 명예를 보호하기 위해 그녀를 몰래 보내어 주었습니다(14). 그는 빈손으로 돌려보내지 않고 룻과 시어머니를 위해 곡식을 넉넉히 주어 보냈습니다(15). 그는 실로 고결한 인격을 가진 경건한 하나님의 사람이었습니다.

룻은 보아스가 자기의 청혼을 받아들이고 약속까지 하자 비로소 안심이 되었습니다. 그녀는 큰 두려움 가운데 심각하고 무거운 발걸음으로 타작마당으로 갔었을 것입니다. 그러나 이제는 기쁨이 차고 넘쳤고 마음이 깃털처럼 가벼워졌습니다. 룻은 하나님의 축복이 그녀 주위로 온통 둘러싸여 있음을 보았고, 밝고 희망찬 미래가 다가오고 있음을 느꼈습니다. 아마 룻은 나오미의 집으로 가는 도중 깡충깡충 뛰면서 콧노래를 불렀을 것입니다.

룻이 시어머니 집에 돌아왔을 때 나오미는 급히 물었습니다. "내 딸아 어떻게 되었느냐?" 그러자 룻은 보아스가 자기에게 행한 모든 일을 다 알렸습니다. 그녀의 목소리는 힘이 있었고 자신감에 찼고 흥분을 감출 수 없었습니다. 그녀는 또한 나오미에게 보아스가 여섯 번 되어 주며 보낸 보리를 내밀면서 증거를 보여주었습니다. 그녀는 또한 "빈손으로 네 시어머니에게 가지 말라"라는 보아스의 말도 전해주었습니다(17). 그러자 나오미는 "내 딸아 이 사건이 어떻게 될지 알기까지 앉아 있으라. 그 사람이 오늘 이 일을 성취하기 전에는 쉬지 아니하리라"라고 말했습니다(18). 나오미는 룻에게 믿음으로 기다리도록 격려해 주었습니다(18). 믿음으로 기다리는 것 또한 믿음의 행동입니다(요일 5:15). 나오미는 그들을 축복하기 위해 보아스를 통해 일하시는 하나님을 신뢰했습니다.

본문에서 우리는 나오미의 하나님을 믿는 믿음과 룻의 순종하는 믿음과 하나님의 역사를 인지하고 축복하는 보아스의 믿음에 관해 배웠습니다. 이들의 믿음은 모든 사람이 자기 소견대로 행하고 악이 창궐하던 사사 시대에 보잘 것 없는 것 같았습니다. 이스라엘은 하나님을 버렸고 하나님은 이스라엘을 버리신 것처럼 보였습니다. 그러나 하나님은 그들을 버리지 않으셨습니다. 사실 여호와께서는 선하신 뜻과 크신 지혜로 소수의 믿음의 사람들 가운데 일하고 계셨습니다. 하나님은 한 단계씩 이스라엘의 운명을 바꾸는 놀라운 기적을 일으키고 계셨습니다.

이 시대의 타락상을 볼 때 우리가 할 수 있는 것은 별로 없는 것 같습니다. 그러나 우리가 믿음으로 살고 하나님의 사랑을 실천할 때,

하나님은 우리 가운데 일하십니다. 하나님은 우리의 믿음의 행동을 하나하나 엮으셔서 미래 세대를 위한 아름답고 영광스러운 축복을 회복할 놀라운 일을 이루고 계십니다. 우리가 하나님을 신뢰하고 믿음으로 살 수 있기를 기도합니다.

기업 무를 자, 보아스

"또 말론의 아내 모압 여인 룻을 사서 나의 아내로 맞이하고 그 죽은 자의 기업을 그의 이름으로 세워…"

오늘 말씀은 3장에서 계속되는 내용입니다. 나오미가 진정으로 사랑하는 마음으로 룻에게 믿음으로 보아스에게 청혼하도록 도전했을 때 룻은 순종했습니다. 보아스는 룻이 나오미에게 헌신적으로 충성한 것에 감동을 받아 청혼을 수락했습니다. 그러나 그의 수락에는 조건이 있었는데, 이는 그가 친족 가운데 가장 가까운 기업 무를 자가 아니었기 때문입니다. 그러나 만일 가장 가까운 기업 무를 자가 원하지 않을 경우 여호와께서 살아 계심을 두고 맹세하면서 그가 기업 무를 자의 책임을 이행하겠다고 약속했습니다.

4장은 약속한 대로 보아스가 룻을 속량하기 위해 행동을 취한 내용입니다. 본문의 핵심 단어는 '무르다'(redeem)라는 것으로 룻기에서 여러 형태로 15번 정도 나옵니다. 이는 2장 20절에 처음 언급되었습니다. 이 주제는 3장에서 더 진전되고(9,12[2],13[4],개역개정), 4장에서 완성되었습니다(1,3,4[5],5,6[4],7,8,10,11,14,개역개정). '기업을 무르는 것' 또는 '속량'(redemption)은 룻기의 핵심 주제인데, 우리는 이를 본문의 맥락 속에서 이해해야 합니다.

오늘의 이야기는 예수 그리스도를 통해 그를 믿는 모든 자에게 주어지는 속량의 모형입니다. 속량은 단지 이론적이지 않고 실제적이며, 미래를 위한 것일 뿐만 아니라 현재에 적용되는 것입니다. 룻기는 "그 이후 그들은 행복하게 살았습니다"라는 말로 끝나는 낭만적인 이야기가 아닙니다. 그것은 그 이상의 이야기이고 오늘날 우리를 향한 하나님의 구속의 사랑 이야기입니다. 더 나아가 룻기는 하나님께서 헌신적인 사람들을 그의 구속 역사에 어떻게 사용하시는지 말해줍니다. 보아스의 이야기를 통해 하나님께서 우리를 속량하시기 위해 어떻게 일하시는지 살펴보겠습니다.

첫째, 보아스가 룻을 속량하다(1-10).

1절은 '그 사이에(Meanwhile)'라는 단어로 시작합니다. 나오미가 룻에게 보아스가 이 일을 성취할 것이라고 확신시키는 그 시점에(3:18), 보아스는 움직이기 시작했습니다. 그는 성문으로 올라갔는데, 그곳은 마을의 외부와 내부의 성벽 사이에 있는 개방된 넓은 공간이었습니다. 성문은 개인적으로 거래를 하거나 마을 사람들의 공적인 일을 다룰 때 법정으로 사용되었습니다.

바로 그 순간 보아스가 언급한 기업 무를 자가 지나갔습니다. 하나님께서 이 만남을 주선하신 것입니다. 보아스는 이 기회를 놓치지 않았습니다. 그는 "아무개여 이리로 와서 앉으라"라고 말했습니다(1b). 그러자 그 남자가 와서 앉았습니다. 그들은 분명히 사람들을 피해 성벽을 따라 만들어진 작은 방 중 하나로 들어갔을 것입니다. 보아스는 장로 열 명을 청하여 "여기 앉으라"라고 말하자 그들도 모였습니다(2). 이 장로들은 일종의 마을 의회에서 마을의 중대사를 의논하는 마을의 주요 가문의 어른들이었을 것입니다. 열 명은 재판을 열기 위한 최소한의 법적 정족수였을 것입니다. 이렇게 보아스는 법적 절차를 밟기 시작했습니다.

보아스가 그 기업 무를 자에게 말했습니다. "모압 지방에서 돌아온 나오미가 우리 형제 엘리멜렉의 소유지를 팔려 하므로 내가 여기 앉은 이들과 내 백성의 장로들 앞에서 그것을 사라고 네게 말하여 알게 하려 하였노라. 만일 네가 무르려면 무르려니와 만일 네가 무르지 아니하려거든 내게 고하여 알게 하라. 네 다음은 나요 그 외에는 무를 자가 없느니라"(3-4a).

여기서 우리는 이스라엘에서 기업 무를 자의 역할을 이해할 필요가 있습니다. 기업 무를 자는 몇 가지 면에서 도움이 필요한 친족을 보호할 책임이 있었습니다. (1) 그들은 죽은 형제를 대신하여 부양하는 책임이 있었고(신 25:5-6), (2) 가난한 친척이 다른 가문에게 팔았던 땅을 되찾아 주는 책임이 있었으며(레 25:25-28), (3) 노예로 팔려간 친척을 속량해 주는 일을 해야 했고(레 25:47-49), (4) 친척의 억울한 죽음에 대해 보복하는 책임이 있었습니다(민 35:19-21).

기업 무를 자가 왜 필요했을까요? 이 제도는 각 지파마다 그들의 가계와 재산을 보호함으로 열두 지파를 보호하는 하나님의 방법이었습니다. 특히 유다 지파를 보호하는 것은 중요한 일인데, 이는 메시아가 유다 지파를 통해 오실 것이라는 약속이 있었기 때문입니다.

나오미는 남편과 두 아들이 죽었으므로 가족과 재산을 지키기 위해 기업 무를 자가 필요했습니다. 그렇지 않으면 그녀의 가계가 이스라엘에서 사라질 것입니다. 율법에 의하면 기업 무를 자는 이런 의무를 다해야 하고, 그렇지 않을 경우 그 후부터 그와 그의 가족은 공개적으로 수치를 당하게 됩니다(신 25:7-10).

그 기업 무를 자는 어떻게 반응했습니까? 그는 "내가 무르리라"라고 대답했습니다(4b). 그는 기꺼이 땅을 무르겠다고 했습니다. 이 말을 들은 보아스는 그가 땅을 무를뿐만 아니라, 그의 재산과 함께 죽은 자의 기업을 그의 이름으로 세우기 위해서는 죽은 자의 아내인 과부가 된 모압 여인 룻과 결혼해야 한다고 설명했습니다(5). 그러자 갑자기 그 사람의 얼굴이 창백해지고 호흡이 불안정해졌습니다. 잠시 후 그는 "나는 내 기업에 손해가 있을까 하여 나를 위하여 무르지 못하노니 내가 무를 것을 네가 무르라. 나는 무르지 못하겠노라"라고 말했습니다(6).

그는 모압 과부와 결혼한다면 자신의 명성이 어떻게 될지 고민이 되었습니다. 룻과 인격적인 관계성이 없는 그가 이렇게 반응하는 것은 이해할 수 있습니다. 그는 또한 재산의 모든 것 또는 일부분을 잃을 것에 대해 걱정이 되었습니다. 만일 룻에 의해 남자 상속자가 생긴다면 첫 아들은 엘리멜렉의 상속자로 간주될 것입니다(신 25:6). 둘째 아들이 생긴다면 그 둘째 아들이 기업 무를 자의 상속인이 될 수 있습니다. 그래서 룻이 아들 하나만 낳는다면 자신의 재산의 소유권은 불분명하게 됩니다. 그것은 위험한 일이었습니다. 그는 다른 어떤 것보다도 자신의 재산에 대해 더 관심을 가졌습니다.

7절은 저자의 설명이 삽입된 내용으로 그 당시 거래가 어떻게 합법적으로 이루어지는지를 말해줍니다. 그 남자는 자신의 신을 벗어 보아스에게 주면서 공식적이고 공개적으로 그에게 기업 무를 권한을 넘겨주었습니다(8). 이는 우리 시대에 계약서에 사인하는 것과 같습니다.

보아스의 응답은 다른 기업 무를 자와 매우 대조가 됩니다. 그는 장로들과 모든 사람들에게 선언했습니다. "내가 엘리멜렉과 기룐과 말론에게 있던 모든 것을 나오미의 손에서 산 일에 너희가 오늘 증인이 되었고 또 말론의 아내 모압 여인 룻을 사서 나의 아내로 맞이하고 그 죽은 자의 기업을 그의 이름으로 세워 그의 이름이 그의 형제 중과 그곳 성문에서 끊어지지 아니하게 함에 너희가 오늘 증인이 되었느니라"(9-10). 여기서 우리는 메시아의 예표인 기업 무를 자 보아스의 성품을 배울 수 있습니다.

보아스는 하나님의 율법에서 요구하는 기업 무를 자의 의무를 이행하고자 하는 책임감이 강한 사람이었습니다. 실제로 그것은 나오미의 가계를 유지하기 위해 룻을 속량하는 것을 의미했습니다. 이를 행하기 위해 그는 자기희생의 정신으로 자신의 미래와 재산을 맡겨야 했습니다. 그는 룻에게 이 일을 행하리라고 약속했었고, 이 약속을 끝까지 지켰습니다. 그의 약속은 공허한 약속이 아니라 신뢰할 만한 약속이었습니다. 나오미는 보아스의 성품을 알았고 그를 신뢰했습니다(3:18). 룻에 대한 약속을 지키는 것은 일회성 보여주기식이 아니라 그의 삶을 반영하는 것이었습니다.

또한 보아스는 원칙의 사람이었습니다. 그는 룻에 대해 애정을 품고 있었지만 인간적인 편애를 갖고 행동하지 않았습니다. 오히려 율법에 따라 나오미의 재산과 룻을 속량하기 위해 다른 기업 무를 자에게 기회를 주었습니다. 이를 위해 증인들을 모으고, 모든 행동에서 투명하게 함으로써 합당한 절차를 밟았습니다. 성문에 있는 모든 백성과 장로들이 그의 행동을 이해하고 영접하고 인정하는 것은 꼭 필요한 일이었습니다. 그래서 나중에 아무도 그 일에 대해 이의를 제기하는 사람이 없었습니다. 이를 볼 때 그는 하나님의 사람으로서 정직하고 투명하고 진정성 있는 사람임을 알 수 있습니다.

보아스는 희생적인 사랑을 소유한 자였습니다. 보아스의 첫 번째 관심사는 재산이 아니라 룻이었습니다. 그는 기꺼이 룻을 자기 아내로 영접함으로 나오미의 가계를 속량하고자 하였습니다. 보아스는 룻을 통해 태어난 맏아들이 엘리멜렉의 아들이지 그의 아들이 아니라는 것을 잘 알았습니다. 보아스와 룻에게서 아들이 태어났을 때 사람들은 "나오미가 아들을 낳았다"고 말했습니다(17; 신 25:6). 보아스가 이렇게 하는 것은 그 자신의 혈통을 위기에 처하게 하는 것이었습니다. 우리는 그의 선언에서 속량의 동기가 매우 순수하고 자기희생적임을 알 수 있습니다(10).

보아스는 구속 역사의 측면에서 메시아의 모형입니다. 예수님은 메시아로서 하나님의 율법을 성취하시는 일에 신실하셨고, 동시에 사람들을 죄에서 구원하는데 신실하셨습니다. 예수님은 이를 위해서 자기를 낮추시고 육신을 입고 이 세상에 오셨습니다.

예수님은 비록 하늘과 땅의 모든 권세를 가지신 하나님의 아들이었지만 이 권세를 약자를 억누르는 데 사용하지 않으셨습니다. 대신 사람들을 섬기는 데 그 권세를 사용하셨습니다. 예수님은 불쌍히 여기는 마음과 책임감을 가지셨고, 흠이 없는 진정성과 자기희생적인 사랑을 가지셨습니다. 예수님은 사람들을 죄와 사망의 권세에서 구원하시기 위해 자기 목숨을 내어주시고 십자가에서 대속 제물이 되셨습니다.

보아스가 룻을 그의 아내로 맞이하였듯이, 예수님은 우리를 그의 신부로 맞아들이셨습니다. 보아스가 룻을 그의 가족과 공동체의 일원으로 영접하였듯이, 예수님은 우리를 하나님의 자녀요 하나님 나라의 시민으로 영접하셨습니다.

한마디로 예수님은 우리를 율법과 죄의 저주에서 속량하시기 위해 자기 자신을 내어주셨습니다. 갈라디아서 3장 13a절은 말합니다. "그리스도께서 우리를 위하여 저주를 받은 바 되사 율법의 저주에서 우리를 속량하셨으니" 디도서 2장 14절은 말합니다. "그가 우리를 대신하여 자신을 주심은 모든 불법에서 우리를 속량하시고 우리를 깨끗하게 하사 선한 일을 열심히 하는 자기 백성이 되게 하려 하심이라." 예수님은 우리의 구속의 주가 되십니다.

요즘 사람들은 '속량하다'(redeem)라는 단어를 사람들의 생명에 대해 사용하지 않고 재정적 거래나 사람의 신분을 상승시키는 것을 묘사하기 위해 사용합니다. 노예제도가 있는 사회에서 '속량하는 것'은 노예를 돈을 주고 사서 속박에서 벗어나게 해주는 것을 의미했습니다. 본문에서 이 단어가 사용된 것은 바로 이런 의미로 사용된 것입니다.

그러나 이 단어에는 더 깊은 의미가 있습니다. 이는 현재 죄와 죽음의 속박에서 해방시켜주는 것을 의미합니다. 우리는 모두 이런 종류의 속량을 필요로 합니다. 성경은 "모든 사람이 죄를 범하였으매 하나님의 영광에 이르지 못하더니"라고 하였고(롬 3;23), "의인은 없나니 하나도 없으며"라고 말하고 있습니다(롬 3:10). 우리는 온갖 종류의 속박에 얽매이게 하는 사탄의 유혹에 취약합니다. 오늘날은 여러 가지 중독에 빠지기 쉽습니다. 심지어 많은 기독교 지도자들도 섹스와 마약 중독 때문에 걸려 넘어집니다.

최근 한 유명한 기독교 변론가는 죽은 직후 그런 중독에 시달렸음이 드러났습니다. 그는 성경적 논쟁에서 능력이 대단했지만, 죄와 싸우는 데에는 무력했습니다. 죄는 끈질기게 사람을 물고 늘어져 죽음에 이르게 합니다. 죄와 치열하게 싸우는 사람은 누구든지 사도 바울과 같이 "오호라 나는 곤고한 사람이로다. 이 사망의 몸에서 누가 나를 건져내랴"라고 울부짖으며 구속주가 필요함을 깨달을 것입니다(롬 7:24).

우리 모두에게는 구속주가 절실히 필요합니다. 어떤 사람들은 구속받는 것이 현재는 아니고 미래에만 중요한 것이라고 생각합니다. 그들은 여전히 나쁜 습관과 죄를 짓는 생활에 얽매여 있고 위선자처럼 살아갈 수밖에 없습니다. 그러나 그리스도께서 우리를 구속하셨을 때 우리는 죄와 사망의 속박으로부터 자유로워집니다. 우리는 완전히 변화되어 무의미한 삶에서 의미 있는 삶으로, 슬픈 삶에서 기뻐하는 삶으로, 희망이 없는 삶에서 희망의 삶으로, 무력한 삶에서 힘 있는 삶으로, 위선적인 삶에서 진실한 삶으로 바뀌게 됩니다.

궁극적으로 우리는 구속되어 영원한 정죄에서 해방될 것이고, 그의 나라에서 그리스도와 함께 영원한 생명을 누리게 될 것입니다. 이 축복은 구속 주 예수 그리스도를 통해서만 이루어집니다.

둘째, 보아스와 룻을 축복하신 하나님(11-22).

성문에 있던 모든 백성과 장로들은 어떻게 반응했습니까? 그들은 "우리가 증인이 되나니"라고 말했습니다(11a). 그들은 보아스가 행한 일의 타당성을 인정했습니다. 그들은 서로 간에 신뢰와 동의를 표명함으로 보아스와 함께 공동체의 일원으로서 책임을 지고자 하였습니다. 이는 위험을 감수하는 일이었지만 그들은 기쁨으로 기꺼이 그렇게 했습니다.

이방 여인, 특히 모압 여인인 룻이 공동체의 일원으로 받아들여지는 일은 쉬운 일이 아니었습니다. 모압 여인들은 과거 이스라엘 남자들을 유혹하여 우상을 숭배하도록 했기 때문에 율법으로 모압 사람들은 영원히 여호와의 총회에 들어오지 못하도록 금지하였습니다(신 23:3-6). 그러나 그들은 룻이 헤세드의 사랑을 실천하는 것을 보고는 하나님께서 그녀와 함께 하고 계시다는 것을 깨달았습니다. 하나님께서 그녀를 영접하셨는데 그들이 어떻게 그녀를 제외시킬 수 있겠습니까(행 11:17)?

그들은 룻을 영접했을 뿐만 아니라 더 나아가 보아스와 룻에게 축복을 부어주기 시작했습니다. "여호와께서 네 집에 들어가는 여인으로 이스라엘의 집을 세운 라헬과 레아 두 사람과 같게 하시고 네가 에브랏에서 유력하고 베들레헴에서 유명하게 하시기를 원하며 여호와께서 이 젊은 여자로 말미암아 네게 상속자를 주사 네 집이 다말이 유다에게 낳아준 베레스의 집과 같게 하시기를 원하노라"(11b-12).

그들은 룻을 이스라엘의 어머니인 라헬과 레아에 비유했습니다. 그들이 어떻게 룻을 라헬과 레아와 같은 위치에 올려놓을 수 있었을까요? 또한 그들은 룻을 유다 족속의 조상인 유다를 통해 아들을 낳은 다말에 비유하였습니다. 이 얼마나 놀라운 일입니까! 그들은 룻을 이스라엘 역사상 가장 중요한 여인들과 같은 수준으로 높이 평가했습니다. 이는 그들이 마음 깊은 곳에서 룻을 축복하고 있다는 증거입니다. 이는 하나님의 구속의 사랑의 열매로써 자기의 인생을 하나님께 맡기고 하나님을 신뢰한 한 여인을 통해 나타났습니다. 장로들과 마을 사람들은 룻을 통해 보아스의 가족들이 세워지기를 축복했습니다.

하나님의 풍성한 축복으로 보아스는 룻을 자기 아내로 맞아들였습니다. 여호와께서 즉시 그녀에게 임신하게 하시므로 그녀가 아들을 낳았습니다(13). 그때 마을의 여자들은 매우 흥분이 되어 나오미에게 말했습니다. "찬송할지로다, 여호와께서 오늘 네게 기업 무를 자가 없게 하지 아니하셨도다"(14a). 그들은 여호와께서 생명을 주시는 분이심을 깨달았습니다.

과거 룻은 아이를 낳지 못했습니다. 그러나 이제는 여호와께서 그녀로 임신하게 하셨습니다. 그 아이는 지금 비록 작은 아기이지만 혈통을 유지할 기업 무를 자가 될 것입니다(14b). 그들은 이 아이가 이스라엘 가운데 유명하게 되기를 축복했습니다(14c). 그들은 계속해서 나오미에게 말했습니다. "이는 네 생명의 회복자이며 네 노년의 봉양자라. 곧 너를 사랑하며 일곱 아들보다 귀한 네 며느리가 낳은 자로다"(15).

룻기의 처음 이야기에서 나오미의 인생은 비참했습니다. 그러나 나오미가 믿음으로 하나님께 돌아왔을 때 하나님은 그녀의 인생을 회복시키셨고 그녀에게 새로운 희망을 주셨습니다. 하나님은 자기를 앙망하는 자들을 새롭게 하시는 분이십니다(사 40:31). 하나님께 희망이 있습니다. 하나님은 생명의 근원이시며 생명을 유지시키시는 분이십니다. 하나님은 누구든지 믿음으로 자기에게 나아오는 자를 축복하시고 그의 구속 역사에 귀히 쓰십니다.

나오미가 아기를 받아 품에 품고 그의 양육자가 되었습니다(16). 거기 살고 있던 여자들은 "나오미가 아들을 낳았다!"라고 말했습니다. 그들은 아기의 이름을 '예배하다' 또는 '섬기다'라는 뜻을 가진 '오벳'이라고 붙여 주었습니다. 오벳은 다윗의 아버지인 이새의 아버지가 되었습니다(17). 보아스의 말에 의하면 오벳이 엘리멜렉의 아들로서 이름이 올라갈 것으로 예상됩니다(10). 그러나 놀랍게도 다윗의 족보를 보면 오벳은 보아스의 아들로 되어 있습니다(18-22). 이게 어떻게 된 것일까요? 여기에 나타난 족보는 본질적으로 법적이라기보다는 영적인 족보입니다. 보아스가 엘리멜렉의 가계를 속량하기 위해 자기 자신을 희생했을 때 하나님께서 그를 다윗의 족보에 올라가게 하는 축복을 주셨습니다. 룻은 다윗 왕의 증조할머니가 되었습니다. 하나님은 이렇게 메시아의 그림자인 다윗 왕을 보내시기 위해 그 혈통을 지키셨습니다(마 1:5-6).

우리의 삶도 룻과 같이 슬프고 비참하고 희망이 없었습니다. 우리는 어떤 열매도 맺지 못하고 죽을 운명이었습니다. 그러나 예수님께서 우리를 속량하셨을 때 우리의 삶은 완전히 바뀌었습니다. 우리는 하나님의 나라의 백성이 되었습니다. 이제 우리는 기쁘고 의미 있고 열매 맺는 인생을 살게 되었습니다. 우리의 구속의 주 예수님께 감사를 드립니다!

부록

사도행전 27장 사실 관찰 (Factual Study)

사도행전 개요

사도행전 27장 사실 관찰 (Factual Study)

1-8절. 바울의 로마까지의 항해: 가이사랴에서 미항까지

1 바울과 다른 죄수들이 백부장 율리오에게 넘겨지다

2a 아시아 해변으로 가는 아드라뭇데노 배에 탑승하다

2b 아리스다고가 함께 하다

3a 시돈에 내리다

3b 율리오가 바울에게 자유를 허락하다

4-5 구브로 해안을 지나 루기아의 무라시에 이르다

6 이탈리야로 가는 알렉산드리아 배에 타다

7-8 니도에서 풍새가 허락지 않아 미항으로 가다

9-12절. 백부장이 바울의 권면을 무시하고 항해를 계속하기로 결정하다

9-10 많은 시간을 소비한 후 바울이 항해의 위태로움을 경고하다

11 백부장이 바울을 무시하고 선장과 선주의 말을 듣다

12 뵈닉스에 가서 겨울을 나기로 결정하다

13-20절. 광풍을 만나 구원의 여망을 잃어버리다

13 순한 남풍이 불자 그레데 해변을 끼고 항해하다

14-17 배가 광풍에 휘말려 바다로 떠내려가다

18-20 짐과 배의 기구를 내버리고 희망을 포기하다

21-26절. 바울이 배에 승선한 모두에게 하나님이 그들의 생명을 살려 주신다고 격려하다

21 바울이 일어나 항해하지 말도록 한 그의 충고를 상기시키다

22-25 바울이 하나님의 계시에 근거해서 그들에게 용기를 갖도록 북돋아 주다

26 바울이 한 섬에 걸릴 것을 예언하다

27-32절. 바울이 사공들의 책략을 드러내고 모든 사람을 구원하다

27 열나흘째 사공들이 육지에 가까워지는 줄 알게 되다

28-29 소리로 물 길이를 재고 육지에 접근하다

30 사공들이 거룻배를 타고 도망가고자 하다

31-32 바울이 그들의 음모를 드러내고, 군인들이 거룻줄을 끊어버리다

33-38절. 바울이 승선한 모든 사람에게 먹도록 격려하다

33-34 바울은 그들의 연약한 상태를 지적하고 살기 위해 먹도록 강권하다

35 바울이 모든 사람 앞에서 하나님께 감사하고 먹기 시작하다

36 그들은 모두 힘을 얻어 음식을 먹다

37 승선한 숫자는 276명

38 음식을 먹은 후 배의 곡식을 바다에 던지다

39-41절. 배가 난파하다

39 배가 좌초될 수 있는 만(灣,bay)을 발견하다

40 닻을 끊고 돛을 달아 해안으로 가다

41 배가 모래톱에 좌초되어 산산조각이 나다

42-43절. 백부장이 바울을 살리기 위해 군인들의 계획을 중지시키다

44절. 모든 사람이 안전하게 상륙하다

사도행전 개요[1]

Ⅰ. 예수님의 약속과 성령 강림 (1:1-2:13)

가. 예루살렘에 머물라는 그리스도의 명령과 성령에 대한 약속 (1:1-5)

나. 땅끝까지 내 증인이 되라는 그리스도의 위임 명령 (6-8)

다. 그리스도의 승천과 재림에 대한 약속 (9-11)

라. 사도들의 순종, 합심기도, 맛디아가 열한 사도에 더해짐 (12-26)

마. 오순절 날에 성령이 능력으로 사도들에게 강림하심 (2:1-4)

바. 만국에서 온 경건한 유대인들이 자기의 방언으로 복음을 들음 (5-13)

Ⅱ. 예루살렘에서: 예수님을 증거하는 사도들 (2:14-7:60)

가. 오순절 날에 베드로의 첫번째 설교 (2:14-47)

1) 요엘의 예언을 기초로 성령 강림을 설명함 (14-21)

2) 다윗의 시편을 기초로 그리스도의 부활을 설명함 (22-36)

3) 회개와 믿음과 성령을 받도록 초대함 (37-41)

4) 아름다운 기독교 공동체가 탄생함 (42-47)

나. 베드로와 요한이 성전에서 예수님을 증거함 (3:1-26)

1) 베드로가 예수님의 이름으로 앉은뱅이 거지를 고침 (1-10)

2) 베드로가 예수님의 이름을 믿는 믿음이 그를 낫게 했음을 증거함 (11-16)

1 UBF HQ Bible Study Committee, Selections from "Outline of Acts"

3) 베드로가 예수님이 메시아이고, 우리는 그의 말을 들어야 함을 증거함 (17-26)

다. 베드로와 요한이 공회에게 예수님을 증거함 (4:1-37)

1) 베드로와 요한이 구원을 주시는 예수님의 이름 권세를 담대히 증거함 (1-22)

2) 믿는 자들이 시편 2편에 기초해서 기도하고 담대히 복음을 증거함 (23-31)

3) 믿는 자들이 모든 것을 함께 나눔 (32-37)

라. 베드로가 한 부부의 위선적인 기부를 드러내고, 그들은 죽음 (5:1-11)

마. 사도들이 많은 표적과 기사를 행함 (12-16)

바. 사도들이 공회에게 복음을 전함 (17-42)

사. 공회 앞에서 스테반의 증거 (6:1-7:60)

1) 일곱 집사가 교회 행정을 위해 선택함을 받음 (6:1-7)

2) 스테반에 대한 음모 (8-15)

3) 스테반이 하나님의 역사에 기초하여 공회를 책망함 (7:1-53)

4) 스테반의 순교 (7:54-60)

Ⅲ. 온 유대와 사마리아에서: 빌립의 증거, 사울의 회심, 베드로의 증거 (8:1-12:25)

가. 사마리아에서 빌립의 증거 (8:1-13)

나. 베드로와 요한이 새신자들이 성령을 받도록 도움 (14-25)

다. 빌립이 에티오피아 내시에게 그리스도의 고난의 의미를 설명함 (26-40)

라. 사울의 180도 회심과 초기 증거 (9:1-31)

1) 부활하신 그리스도께서 원수 사울을 만나 주시고 사명을 주심 (1-19)

2) 사울이 예수님이 하나님의 아들, 그리스도이심을 선포함 (20-31)

라. 사마리아에서와 이방인들에게 증거하는 베드로 (9:32-11:18)

1) 룻다와 욥바에서의 베드로의 사역 (9:32-43)

2) 베드로의 환상과 고넬로에게 복음을 전함 (10:1-48)

3) 베드로의 메시지: 하나님께서 이방인들을 영접하심 (11:1-18)

마. 안디옥에서 바나바와 사울의 증거 (11:19-30)

바. 헤롯이 예루살렘 교회를 핍박함 (12:1-25)

1) 야고보의 순교와 베드로의 기적적인 탈출 (12:1-19)

2) 헤롯의 죽음과 기독교 공동체의 성장 (20-25)

IV. 땅 끝까지: 바울의 선교 여행과 로마에로의 여정 (13:1-28:31)

가. 1차 선교 여행 (13:1-14:28)

1) 구브로에서: 바나바와 사울이 마술사에게 하나님의 능력을 드러냄 (13:1-12)

2) 비시디아 안디옥에서: 바울이 예수님으로 말미암은 죄사함을 선포함 (13-52)

3) 이고니온, 루스드라, 더베에서: 새로운 이방 교회가 세워짐 (14:1-28)

나. 예루살렘 총회 (15:1-35)

1) 예루살렘 총회가 바울과 바나바의 사역을 확증함 (15:1-21)

2) 총회의 서신이 이방인들이 할례 받을 필요가 없음을 확인함 (22-35)

다. 2차 선교 여행 (15:36-18:22)

1) 바울, 실라, 디모데가 교회를 굳건히 함 (15:36-16:5)

2) 성령이 바울을 아시아에서 마게도니아로 인도함 (16:6-10)

3) 빌립보에서: 루디아와 간수의 뜻밖의 회심 (11-40)

4) 데살로니가에서: 바울의 강력한 복음역사와 이에 대한 반대 (17:1-9)

5) 베뢰아에서: 베뢰아 유대인들은 바울의 메시지를 확증하기 위해 성경을 상고함 (10-15)

6) 아덴에서: 바울이 창조주 하나님께서 사람을 구원하기 위해 예수님을 보내셨음을 설명함 (16-34)

7) 고린도에서: 부활하신 그리스도께서 바울에게 머물도록 말씀하시고 18개월 동안 증거함 (18:1-22)

라. 3차 선교 여행 (18:23-19:41)

1) 아가야에서: 아굴라와 브리스길라가 아볼로의 사역을 도움 (18:23-28)

2) 에베소에서: 하나님이 바울의 2년 동안의 매일 성경공부를 축복함 (19:1-22)

3) 우상숭배 사업으로 인해 일어난 소요 (23-41)

마. 예루살렘으로 가는 길에서 (20:1-21:16)

1) 수리아로 가는 바울의 여행팀 (20:1-6)

2) 드로아에서: 하나님께서 바울을 통해 유두고를 살리심 (7-12)

3) 밀레도에서: 에베소 장로들에게 전한 바울의 고별 메시지 (13-38)

- 바울이 겸손과 눈물로 주를 섬긴 것을 회고함 (13-27)
- 바울이 그들에게 하나님의 양무리의 목자가 될 것을 권면함 (28-38)

4) 가이사랴에서: 예수의 이름을 위하여 예루살렘에서 죽을 것도 각오함 (21:1-16)

바. 바울이 예루살렘에서 증거함 (21:17-23:11)

1) 바울이 유대인의 민감한 문제를 수용하였으나 체포됨 (21:17-36)

2) 바울이 군중에게 연설함 (21:37-22:29)

· 부활하신 그리스도가 자신을 어떻게 변화시켰는가 묘사함 (21:37-22:16)

· 이방인들에게 가게 된 이유를 설명함으로 채찍을 맞을 뻔함 (17-29)

3) 바울이 공회 앞에서 자신을 변명함 (22:30-23:11)

사. 바울이 가이사랴에서 증거함 (23:12-26:32)

1) 벨릭스에게: 바울이 성경에 기초해서 하나님을 믿는 믿음을 변호함 (23:12-24:27)

2) 베스도에게: 바울이 가이사에게 상소함 (25:1-12)

3) 아그립바에게: 바울이 그에게 회개하고 그리스도를 믿도록 권면함 (25:13-26:32)

아. 바울이 로마에서 증거함 (27:1-28:31)

1) 바울의 여행 (27:1-28:10)

· 하나님께서 바울과 그 일행을 바다의 광풍으로부터 구원하심 (27:1-44)

· 말타에서: 하나님의 보호하심과 바울의 치료 사역 (28:1-10)

2) 로마에서의 바울의 사역 (28:11-31)

· 믿는 자들이 바울을 따뜻이 영접함 (11-16)

· 유대 지도자들에게: 바울이 예수를 통한 하나님의 나라를 전파함 (17-24)

· 이방인들에게: 셋집에서 바울의 사역 (25-31)

참고문헌

- Arthur, Kay, David Arthur, Pete De Lacy, *How to study your Bible* (Eugene, Oregon: Harvest House, 2010).
- Bauer, David R, and Robert A. Traina. *Inductive Bible Study* (Grand Rapids: Baker Academic, 2011).
- Fee, Gordon D. and Douglas Stuart. *How to Read the Bible for All Its Worth* (Grand Rapids: Zondervan, 1981).
- Finzel, Hans. *Unlocking the Scriptures* (Colorado Springs: David C. Cook, 2003).
- Goodwin Doris K. *Team of Rivals* (New York, NY: Simon & Schuster Paperbacks, 2005).
- Grant Adam, *Give and Take* (New York, NY: Penguin Books,
- Grant, Robert M, David Tracy. *A short History of the Interpretation of the Bible* (USA: Fortress Press, 1984).
- Hartill, J. Edwin. *Principles of Biblical Hermeneutics* (Grand Rapids: Zondervan, 1947).
- Heisler, Greg. *Spirit-Led Preaching* (Nashville: B&H Publishing Group, 2007).
- Hendricks, Howard G, and William D. Hendricks. *Living By The Book* (LaSalle Chicago: Moody Publishers, 2007).
- Hesselgrave, David J. *Communicating Christ Cross-Culturally*, (Grand Rapids, MI: Zondervan Publishing House, 1991).
- Inch, Morris A, and C. Hassel Bullock. *The Literature and Meaning of Scripture* (Grand Rapids: Baker, 1981)
- Jensen, Irving L. *How to Profit from Bible Reading* (Chicago: Moody Press, 1985).

- Jensen, Irving L. *Independent Bible Study* (Chicago: Moody Press, 1980).
- Klein, William W, Craig L. Blomberg, and Robert L. Hubbard, Jr. *Introduction to Biblical Interpretation* (Nashville: Thomas Nelson, Inc., 2004).
- Lee, Samuel G. *Meditation, Confession & Healing in Writing Testimonies* (USA, Xulon Press, 2008).
- MacArthur, John. *Why Believe the Bible?* (Grand Rapids: Baker Books, 1980).
- NIV Biblical Theology Study Bible, (Grand Rapids, MI: Zondervan, 2018)
- Osborne, Grant R. T*he Hermeneutical Spiral* (Downers Grove, IL: InterVarsity Press, 1991).
- Paul E. Miller, *A Loving Life* (Wheaton: Crossway, 2014),
- Ramm, Bernard. *Protestant Biblical Interpretation* (Grand Rapids: Baker Books, 1970).
- Robinson, Haddon W. *Biblical Preaching* (Grand Rapids, MI: Baker Academic, 2001).
- Ryken, Leland. *How to Read the Bible as Literature* (Grand Rapids: Zondervan, 1984).
- Steve, Gregg. Revelation: *Four Views, Revised and Updated* (Nashville, TN: Thomas Nelson, Inc., 2013)
- Swindoll, Charles R. *Searching the Scriptures* (Carol Stream, IL: Tyndale House, 2016).
- The ESV Study Bible (Wheaton IL: Crossway Bibles, 2008)
- Traina, Robert A. *Methodical Bible Study* (Grand Rapids: Zondervan, 1980).
- Zuck, Roy B., Walvoord, John F., *The Bible Knowledge Commentary: Introduction to Ruth* (from Logos Bible software)

저자에 대해서

양마가(주선 Mark C. Yang)는 한국에서 태어나서 성장했습니다. 그는 1971년 서울대학교 문리과 대학을 졸업했습니다. 그는 대학 시절 동안 예수님을 인격적으로 만나고, 대학 선교를 위해 UBF에서 풀 타임 사역자로 하나님의 부르심을 받았습니다. 그는 1974년에 양안나와 결혼하여 자녀로는 사라 데레사와 마가 주니어가 있습니다. 사라 데레사는 안요셉과 결혼하여 자녀로는 아브라함과 안나마리가 있고, 마가 주니어는 김레베카(혜숙)과 결혼하여 자녀로는 모니카, 사라, 안나, 사무엘이 있습니다.

1976년부터 2006년 2월까지 30년 동안 고려대학교 복음화를 위해 안암 UBF 담임 목사로 일하면서 9개 지부를 개척하였고, 230여명의 전문인 자비량 선교사를 파송하였습니다. 2006년 3월에 미국에 선교사로 파송되어 시카고에 있는 UBF 세계 본부에서 현재까지 성경선생으로 활동하고 있습니다.

그는 1994-1996년까지 연세대 연합신학대학원에서 공부하였고, 1999-2000년까지 미국 Trinity Evangelical Divinity School에서 1년간 수학하였습니다. 그리고 2006-2010년까지 미국 Pasadena에 있는 Fuller 신학교 선교대학원에서 공부하고, 2010년에 선교학 박사 학위(Doctor of Ministry)를 취득하였습니다.

로날드 워드(Ronald A. Ward)는 미국 오레곤에서 태어나서 성장했습니다. 그는 오레곤 주립대학에서 공부할 때 한국에서 UBF 선교사로 온 김아브라함 박사와 마가복음 공부를 통해 예수님을 인격적으로 만났습니다. 그때 그는 캠퍼스 사역을 위한 풀타임 사역자로 하나님의 부르심을 받았습니다. 1983년 경영학 학사 학위를 취득한 후 시카고에 와서 UBF의 창립자이신 고 이사무엘 박사의 지도하에 목회 인턴십 훈련을 받기 시작하고 그 후부터 UBF 스텝으로 섬겼습니다.

란워드와 그의 아내 더빌라(Dervilla)는 1985년에 결혼한 후 지금까지 행복한 결혼생활을 하고 있습니다. 하나님께서 그들을 6명의 자녀로 축복해 주셨습니다. 그들은 사라, 데빗, 레베카, 요한, 다니엘과 여호수아입니다. 현재는 3명의 손주들이 있는데 그들은 아비가엘과 아멜리아(Amelia)와 페니로프(Penelope)입니다.

란워드는 2009년에 위튼 대학에서 전도와 리더십(Evangelism and Leadership)으로 석사학위를 취득했습니다. 그는 2002-2022년 현재까지 시카고 UBF사역을 섬기는 담임 목사로 일하고 있습니다. 그는 또한 2017-2022년 현재까지 국제 UBF의 부대표로 일하고 있습니다. 그는 2022년에 차기 대표로 선출되었습니다.

성경의 숨은보화를 찾으라

초판발행일 2022년 7월 28일

지은이 양마가(주선), 로날드 워드

펴낸이 김학모

디자인 천수연

내지그림 오조은

한글교정 유테레사

번역 도와주신 분 서성용

펴낸곳 UBF 출판부

주소 (03128) 서울 종로구 대학로 3길 20

Tel 02-741-2377, 02-763-7097

Fax 02-741-3350

ISBN 978-89-86788-14-3 03230